SHODENSHA
SHINSHO

部から大学を変える

紘

祥伝社新書

はじめに

人の一生はまことに短いものです。私は、午年《うまどし》生まれですから、今年から十二支の7巡目のサイクルに入ります。その72年間のうち、54年間を京都大学で過ごしました。学生、院生、助手、助教授、教授、センター長、所長、理事・副学長、そして最後に総長も経験させていただきました。

本書は、その京都大学で体験した研究、教育、管理を通して考えてきた日本の大学のあり方、大学改革や若者へのメッセージなどをまとめたものです。

私は、18歳で京都大学に入学して以来、京都大学にお世話になり、奉職《ほうしょく》してきました。そして、恩師や多くの知人、友人、研究仲間、学生、院生、秘書の方々にも恵まれ、多様な人間関係から多くを学びました。研究テーマが電波工学、プラズマ物理学、宇宙科学、コンピュータ・シミュレーションなど比較的多分野にわたりましたので、京都大学以外の東京大学をはじめ、数多くの他大学、国内政府研究機関、海外の大学、NASA（米国航空宇宙局）などの国際機関でも仕事をさせていただく機会を得ました。

また、大学以外でも多くの異なる環境を体験し、さまざまな人々と交《まじ》わりました。とりわけ、6年間勤めた米国の地球物理学会の専門誌の編集委員の経験や、URSI（国際電波科学連合）の副会長、会長の経験は、日本の大学や若者を外から観察するのに大いに役立ちました。

私が子どもの頃に受けた教育や社会環境は、時代と共に大きく変わり、今では大学も大学生も大きな変容を遂《と》げています。日本は、高度経済成長を経《へ》て豊かになり、「ジャパン・アズ・ナンバーワン」とまで言われましたが、「豊かボケ」のなかで安住し、「失われた20年」として停滞しています。

しかし、世界はこの間も大きく変動し、産業界のみならず、高等教育や大学のあり方まで様変《さまが》わりし、大学の世界的競争が激化しています。

「国家の基盤は人にあり」と言われ、資源の豊かな諸外国でも国を挙《あ》げて教育に力を入れています。ましてや、資源の乏《とぼ》しいわが国においては「育人《いくじん》」こそ、もっとも重要な未来への投資です。大学への期待が高まり、政府から国立大学改革プランが出ている今こそ、大学そのものが大きく変わらなければなりません。

私の京都大学での財務・研究担当理事・副学長の3年間と現在の総長在任5年間で考えたこと、実行したことを踏まえて書かせていただいた本書が、そのひとつのきっかけになることを願っています。

本書発刊の機会をいただいた祥伝社新書に感謝します。

二〇一四年四月

京都大学第25代総長　松本《まつもと》 紘《ひろし》

『京都から大学を変える』目次

第一章 ―― 今、大学で何が起きているか

第二章——世界で沈む、日本の大学

第三章——京都大学の改革Ⅰ　入試、学生を変える

(1) 入試改革

第四章　京都大学の改革Ⅱ　リーダー、研究者を育てる

第五章

これからの人材の条件

編集協力　坂本邦夫
本文デザイン　盛川和洋
図表作成　篠　宏行

第一章――

今、大学で何が起きているか

学生の劣化《れっか》

「最近の大学生、院生は採用しても役に立たない。いったいどうなっているんだ」「一流と呼ばれる大学を出ているのに、使えない若者が増えた。自分の頭で考えない、言われたことしかできない、自分本位でコミュニケーション能力に欠ける……」

産業界の方から、このような話をはじめて聞いたのは十数年前、新しい世紀になる頃だったでしょうか。以来、そうした声は次第に大きくなり、最近では「今や、人材分布は1・6・3だ」などという嘆《なげ》きも聞こえてきます。「かつては、優秀な人が2割、普通の人が6割、パッとしない人が2割の2・6・2だったが、今は1・6・3で、優秀な人材は半減してしまった」と。

一時、分数の割り算ができない理系学生が話題になりましたが、近頃は加減乗除《かげんじょうじょ》のできない文系学生も増えているそうです。そう言えば、「学生の4人に1人は小学六年で習う『平均』の意味がわかっていない」という、日本数学会の調査結果（「大学生数学基本調査」二〇一一年）も大きな反響を呼びました。調査対象は、国公私立48大学の約6000人。難関大学の割合が高く、約4割は理工系。それでも、この結果です。

基礎学力の低下や学力格差の問題は深刻です。先日お会いしたある企業の方は、「四国4県の各県が言えないとか、太平洋戦争で日本と米国が戦ったことを知らないとか、それこそ小学校社会科レベルの常識に欠ける者もいる。『お得意さんの接待は骨が折れる』と言ったら『殴《なぐ》られたんですか？』と真顔で聞かれた。それでも大卒……頭が痛い」とこぼしていました。ここまで来ると、高等教育を受けたというには明らかに学力が不足しており、〝名ばかり大卒〟と言うしかありません。

大学教育に携《たずさ》わる者のひとりとして恥じ入るばかりですが、大学のレベルを問わず、学生の質が劣化しているのは事実で、京都大学も例外ではありません。

京都大学では、成績上位者の集団、具体的に言えば上位の約3分の1は、今も大変優秀です。この層の学力水準は、昔とほとんど変わっていません。問題は、その下の3分の2で、この層がどうも弱くなってきている。下位集団では、授業についていけない者もいます。かつての京大ではあまり見られなかった現象です。

精神的に脆《もろ》い学生への対処法

近年、特に気がかりなのは、学力はあっても、精神的に脆い学生が増えている点です。成績上位者のなかにも散見されますし、その下の層ではかなり目につきます。

レールの上を走るのは非常に優秀で即応性もあるのですが、すこしでもレールから外《はず》れると、とたんにうまく走れなくなる。何か問題にぶち当たると、それを乗り越えられない。大学生活や社会生活に不適応を起こしてしまう。そんな学生が増えています。

メンタルの耐性《たいせい》が弱く、実験がうまくいかなかったなど、傍目《はため》には「えっ、そんなことで」と驚くほど些細《ささい》なことでもポキッと心が折れてしまう。なかには、自《みずか》ら命を絶《た》つような痛ましいケースもあります。それまで失敗もなく順調に歩んできて、周囲からも「すごい」と言われ、本人もその気でいたのに、あるはずの答えがわからない、見出《みいだ》せないと、全人格を否定されたような挫折《ざせつ》感に襲われるのかもしれません。

米国のマサチューセッツ工科大学（ＭＩＴ）の入学者選抜責任者を務めるスチュアート・シュミル氏は、次のように述べています。

「すべての学生に期待するのは、学力と聡明さです。そして、関心の的《まと》が何であれ、率先して自ら行なう行動力や独立心を持ち、本当にやりたいことに打ち込めること、また失敗を恐れず、立ち直れる力も欲しい」（「朝日新聞」二〇一三年十月二十四日）

大学で自分を成長させていくには、学力や聡明さ、行動力や独立心などと共に精神的なタフさも必要なのです。ところが、それに欠ける学生が増えている。

二〇一三年の入学式で、「堅《かた》い樫《かし》の木よりも、しなやかな柳の木のようになってほしい」と話したのですが、それはこうした状況を受けてのことです。学内の学生総合支援センターや健康科学センターなどを通じたサポートは欠かせません。

精神的な脆さとも関係するのかもしれませんが、最近は学生たちのなかに、人間的な幼《おさな》さを感じることが増えました。お恥ずかしい話ですが、京都大学では近年、薬物濫用《やくぶつらんよう》や猥褻《わいせつ》行為などで学生の逮捕事件も発生しました。学内外での自転車やバイクのマナーの悪さや危険運転への苦情も絶えません。「京大生はなっとらん！」と私自身、直接お叱《しか》りを受けることもしばしばです。これも、以前では考えられなかったことです。

そこで数年前から、初年次教育の一環として、新入生ガイダンスの時にコンプライアンス（法令遵守《じゅんしゅ》）について学ぶ機会を設け、「法律やルールはきちんと守りましょう。人の迷惑にならないようにマナーを守りましょう」と常識ある行動を促《うなが》すようになりました。当初、学内には「学生はもう大人なんだから、そこまでやる必要はない」との意見が多かったのですが、相次ぐ不祥事で、危機感が共有されるようになりました。

先頃、アルバイト先の冷蔵庫に潜《もぐ》り込んだ写真をツイッターに載《の》せるなど、問題（犯罪）行為を自慢する若者たちの軽はずみな行為が社会問題になりました。本人は軽い遊びのつもりでも、一歩まちがえば、新聞に名前が出て、刑事責任を問われ、巨額の賠償責任を負う恐れもあります。人生を棒に振りかねないのです。

そこで、入学したらすぐに、ツイッターやフェイスブックなどのＳＮＳ（Social Networking Service）についても、ネットリテラシーの重要性を説き、リスクを踏まえた慎重な利用を促しています。

大学によっては「食べ歩きはやめましょう」「カバンはこのサイズで」など、事細《ことこま》かに生活指導をしているそうですし、大学生活になじめず孤立しないように、イベントを開催するなどして友人作りまでサポートする大学もあると聞きます。

今、そういうケアを必要とする学生が増えているのです。

“内向《うちむ》き志向”の本当の理由

しばらく前に、ある企業の方から、こんなことを言われました。

「若い社員を海外の支店に出そうとすると、嫌がるのが多い。内向きで困るから、学生のうちから海外へ出してくれ」

それで、新入社員の海外勤務に対する意識について調べてみたのですが、データを見て唖然《あぜん》としました（産業能率大学「第5回 新入社員のグローバル意識調査」二〇一三年）。海外で「働きたいとは思わない」の割合が、二〇〇一年には29・2％だったのが、二〇一三年には58・3％と倍増しているのです。この10年余りで3人に1人だったのが、3人に2人に迫ろうかという勢いで増えているわけです。

いっぽうで「どんな国や地域でも働きたい」の割合も、二〇〇一年の17・3％から、二〇一三年には29・5％へと増えていますから、誰もが内向きというわけではない。外向き志向の若者も増えている。その意味では、二極化とも言える状況になりつつあるわけですが、全体的に見れば、やはり内向きの傾向は強いと見るべきでしょう。

それは、学生の海外留学のデータを見ても明らかです。日本から海外へ留学する学生数は二〇〇四年の約8万3000人をピークに、6年連続で減少。二〇一〇年には約5万8000人と一九九五年頃の水準まで落ち込んでいます（図表1）。大学在籍者のうち、海外で学ぶ学生の割合は1％で、これはOECD（経済協力開発機構）加盟国平均2％のわずか半分、下から数えて二番目に低い数字です（OECD「図表で見る教育2013」）。

この種の統計にはタイムラグがあり、ここ1、2年は短期の語学留学を中心に海外留学する学生の数は回復しつつあるという話も聞きます。経済のグローバル化で語学力や海外経験を重視する企業側の姿勢の変化を受けて、世界で学ぼうとする意欲のある若者が再び増えているとしたら、これほどうれしいことはありません。

とはいえ、長期の海外留学まで回復しているわけではないですし、新入社員の海外勤務に対する意識がそうであるように、海外留学への興味などまったく示さない内向きの学生のほうが圧倒的に多いのも事実です。なぜでしょう。

海外留学の阻害要因に関するデータがあります。大学への調査では、①帰国後、留年する可能性が大きい（67・8％）、②経済的理由で断念する場合が多い（48・3％）、③帰国後の単位認定が困難（36・8％）、④助言教職員の不足（26・4％）、⑤大学全体としての

図表1　日本から海外への留学者数

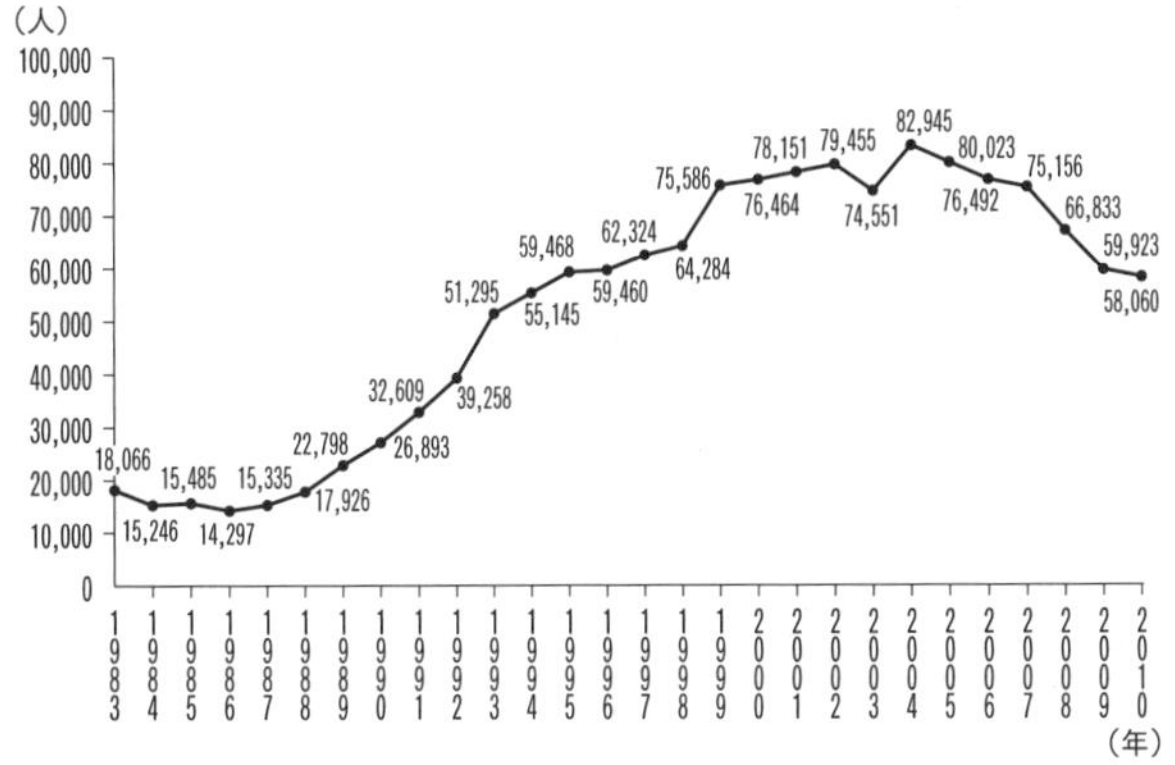

（文部科学省の集計より）

バックアップ体制が不備（24・1％）、⑥先方の受け入れ大学の情報が少ない（10・3％）、⑦両親、家族の理解が得られない（8・0％）、⑧指導教員の理解が得られない（3・4％）などが要因として挙げられています（国立大学協会 国際交流委員会「留学制度の改善に向けて」二〇〇七年）。

また、学生への調査では、①経済力（79・2％）、②在学期間延長の可能性（48・8％）、③自身の語学力（44・1％）、④プログラムなどに関する情報の不足（37・7％）、⑤自身が所属する研究科・学科・専攻などの姿勢（35・8％）、⑥相手大学の教育水準や内容（25・0％）、⑦就職活動（20・6％）などとなっています（東京大学「東京大学国際化白書」二〇〇九年）。

これを見ると、語学力や経済的要因、帰国後の進学・就職への不安、大学のサポート体制などが、海外留学のハードルを高くしていることがわかります。帰国後の就職という点に関して言えば、これまで多くの企業が、海外留学した日本人学生を積極的に採用してこなかった事実も指摘しておかなければなりません。

しかし、これらの阻害要因は、基本的には昔からあった事柄ばかりです。かつては、それでも一貫して留学者数は伸びていたわけです。確かに、この20年ほどで留学費用は高騰《こうとう》しました。たとえば、米国留学の費用（学費＋滞在費）は、年間200～300万円だったのが、500～600万円かかるようになった。国内の景気が低迷するなか、経済的な理由が、海外留学の大きな阻害要因になったのはまちがいない。

ですが、それ以外はみんな昔からあったわけです。海外に憧《あこが》れ、チャレンジしたい学生は、それらの障害をものともせずに勇躍、世界を目指しました。それこそ、お金がなければ、あらゆる手段を講《こう》じて資金を工面し、何が何でも海外へ行く熱意があった。それを思うと、こう考えざるを得ないのです。

あえて海外に出る理由も必要もなくなった若者が増えたのではないか、と。

いったい、若者に何が起きたのでしょうか。学生劣化の象徴である「学力低下」「ひ弱」「内向き志向」が増えた本当の理由を考えてみたいと思います。

大学全入時代

学力低下や学力格差の拡大の理由としてよく指摘されるのは、「大学全入時代の到来」と「ＡＯ（アドミッション・オフィス）入試、推薦入試の増加」です。大学全入時代はなぜ起きたのか。まずは、そこから考えてみたいと思います。

文部科学省の調べ（図表2）によれば、大学進学適齢期の18歳人口は、一九九二年の２０５万人を直近のピークとし、二〇一二年には１１９万人へとほぼ半減しました。これにともない、受験生の数（四年制大学）も92万人から66万人へと26万人も減っています。

ところが、この間、受験生の受け皿である大学の入学定員（四年制大学）は、47万人から58万人へと逆に11万人も増えました。実際の入学者数も、54万人から61万人へと7万人も増え、進学率（四年制大学。過年度高卒者を含む）も、26・4％から50・8％へと倍増し

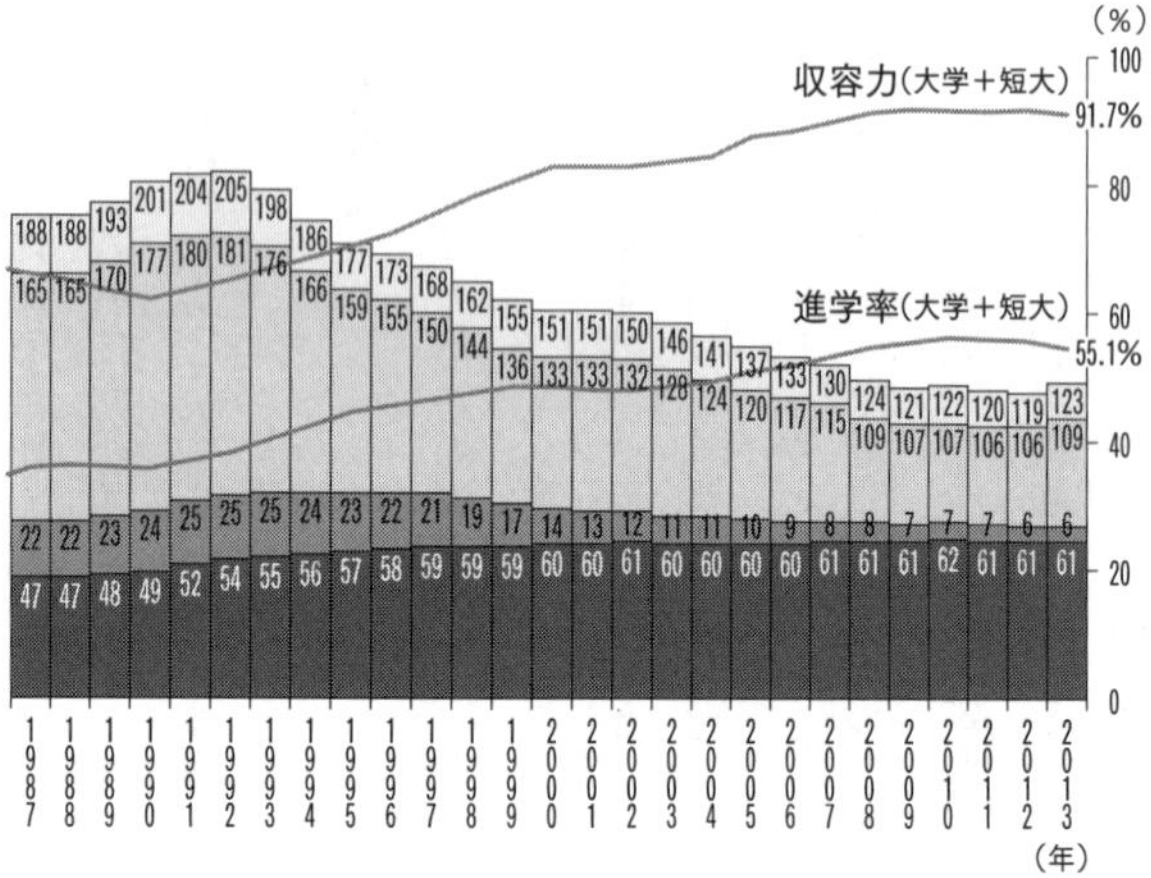

（文部科学省「大学入学者選抜、大学教育の現状」より）

ています。

米国の社会学者マーチン・トロウは、大学の大衆化にともなう変化を①エリート段階＝少数者の特権（進学率15％未満）、②マス段階＝相対的多数者の権利（同15％以上50％未満）、③ユニバーサル段階＝万人《ばんにん》の義務（同50％以上）の三つに分けて論じました。

日本は、2人に1人は大学へ行く第三段階に入ったわけです。

それにしても、少子化で受験生が減ったのに、なぜ受け皿は増えたのでしょうか。理由は大きくふたつあります。

ひとつは定員増加です。第二次ベビー

図表2　18歳人口と大学・短大への進学者

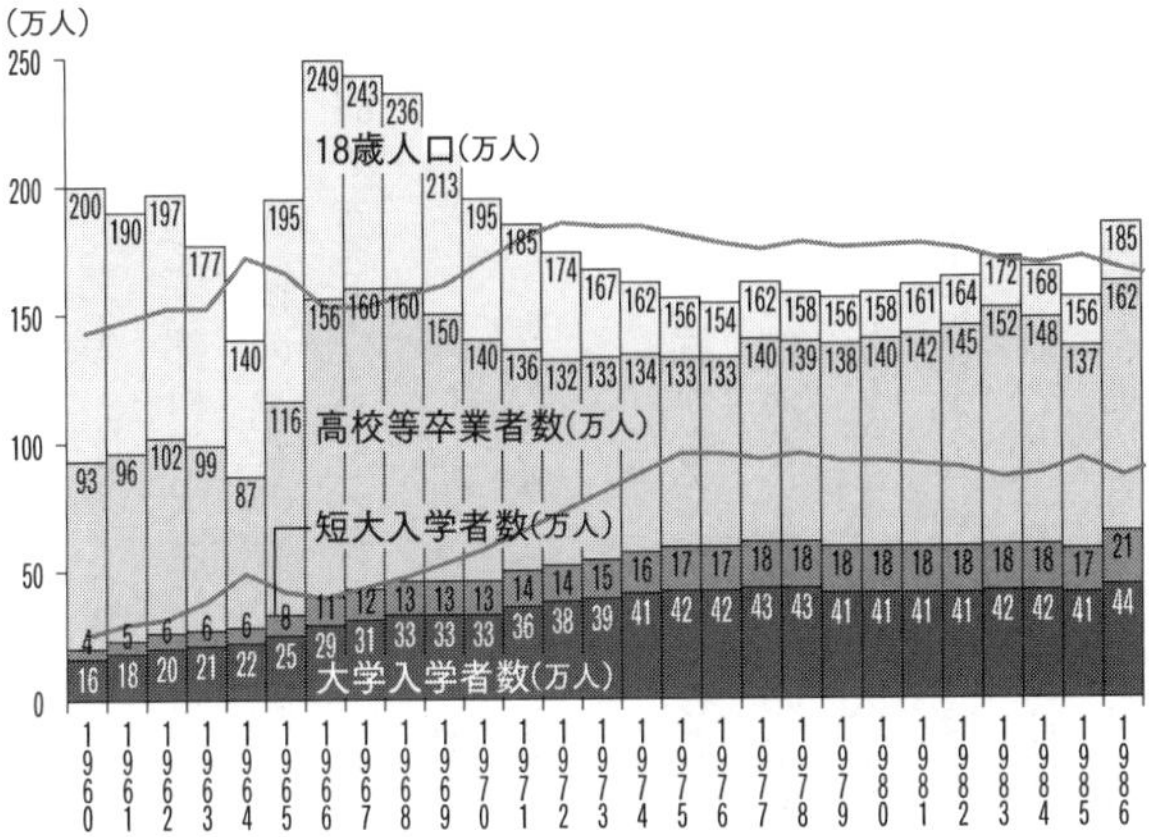

ブーマー（一九七一〜一九七四年生まれ）が受験世代になった一九八〇年代後半から一九九〇年代初頭にかけて、国は受験者急増にともなう受験戦争の緩和《かんわ》措置として、入学定員を臨時に増やしましたが、18歳人口が減少に転じた後も、増加分の半分が維持されたのです（国立大学を除く）。

もうひとつは規制緩和です。一九九一年の大学設置基準の大綱化《たいこうか》と二〇〇三年の小泉構造改革で、大学・学部の新設に関する規制が大幅に緩和され、高齢化を背景とする介護需要の増大などから、看護・医療系などを中心に、大学・学部の新増設や短大から四年制大学への改組《かいそ》・転換が急増しました。その結果、大学の数は、523校（一九九二年）から783校（二〇一二年）へと260校も増えました。

田中眞紀子《たなかまきこ》元文部科学大臣による「大学不認可騒動」がありましたが、こうした規制緩和による大学急増の流れのなかで起きた出来事だったのです。

受け皿が大きくなったことで、大学の収容力（入学者数÷志願者数）は、一九九二年の59%から二〇一二年には92%へと大幅に増えました。こうして10人のうち9人は大学に入れる「広き門」、いわゆる「全入」に限りなく近い状態に至ったわけです。

AO入試、推薦入試がもたらしたもの

とはいえ、それはあくまで数字の上での話です。どれだけ広き門になろうが、受験生は希望する大学を目指します。難関大学や人気大学への入学は依然として困難です。

しかし、贅沢《ぜいたく》は言わないという受験生にとっては、今や大学受験は「超買い手市場」で、従来の「選ぶ側」と「選ばれる側」の立場は完全に逆転しています。このため、不人気の大学は受験生を集めるのに四苦八苦しており、私立大学の4割は定員割れ、赤字経営

も4割を超えます（日本私立学校振興・共済事業団調べ、二〇一二年）。

受験生をいかに多く集め、入学生を確保するか。熾烈《しれつ》な学生獲得競争を強《し》いられるなか、論文や面接によるAO入試や推薦入試など、学力試験を原則的に課《か》さない特別選抜の枠《わく》を増やす大学が増えました。合格者に占める割合は、国公立大学では17・7％（AO2・6％、推薦15・1％）ですが、私立大学では50・5％（AO10・2％、推薦40・3％）と5割を超えています（図表3）。

国公立大学や難関私立大学のAO入試は、一般入試と同様に狭き門ですが、学生集めに窮《きゅう》している大学の場合は、実質的に学力不問のケースが多いのが実情です。学力試験なしで大学に行けるとなれば、学習意欲は薄れます。「一生懸命勉強することはない」と考える生徒が増えるのは当然で、なかには「今は高卒で就職するのも大変。試験なしでいいなら、とりあえず大学にでも行くか」というモラトリアム人間たる生徒も出てきます。

こうして、従来であれば、学力的には大学に行けなかった生徒までが進学するようになった。学生集めが激化するなか、それまで大学進学など考えなかった層の掘り起こしが進んだわけです。18歳人口が減少するなかで進学率が上昇した大きな理由のひとつです。

図表３　入試方法別の入学者

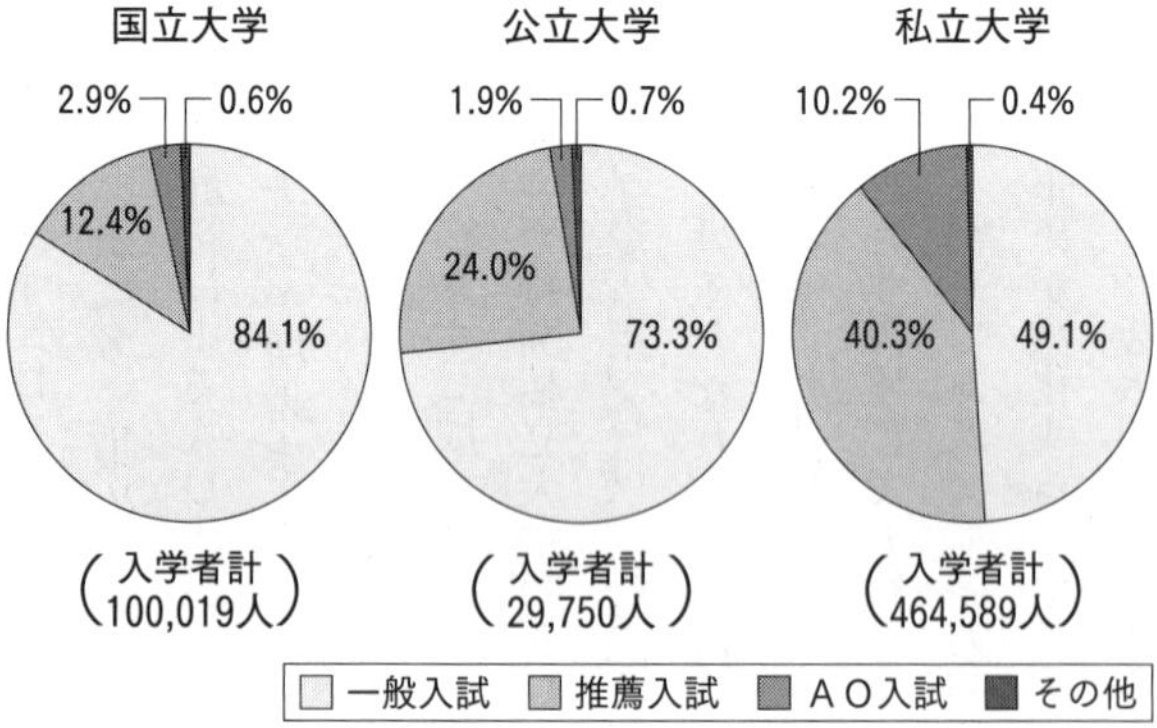

※2012年度入試

（文部科学省「国公私立大学入学者選抜実施状況」より）

これでは、学力不足の大学生が増えるのも当たり前で、今や高校レベルの補習授業を行なう大学は、二〇〇九年で２７４校、全大学の35％に上《のぼ》ります。

二〇〇〇年は１６７校でしたから、１・6倍に増えたことになります。内訳は国立大学57↓52校、公立大学11↓21校、私立大学99↓２０１校で、公立大学、私立大学で倍増しています（文部科学省「大学における教育内容等の改革状況について」二〇〇九年）。大学レベルの授業についていけない学生がそれだけ増えているのです。

本章の冒頭で、「平均」がわからない学生が増えているという数学力の調査を紹介しましたが、実はあの調査では、入試で数学の記述式試験を経験している学生のほうが、そうでない学生に比べて相対的に成績が良かったそうです。

ＡＯ入試や推薦入試など、事実上の学力不問の受験生集めが、学生の基礎学力不足の背景にあることを示唆《しさ》するものと言えます。

受験科目の減少と受験科目に特化した学習

ＡＯ入試、推薦入試と共に受験生の質に大きな影響を与えたのは、受験科目の減少です。

私立大学の場合、文系であれば3教科3科目が普通でしたが、最近は2教科2科目や1教科1科目が増えています。国公立大学も例外ではなく、センター試験では5教科7科目が圧倒的に多いですが、なかにはアラカルト方式で学部・学科の指定した2～4教科を受験すれば、個別学力試験に臨《のぞ》める大学・学部・学科も増えています。また、後期日程試験におけるセンター試験の科目数の減少が顕著《けんちょ》です（図表4）。

受験科目の減少は、ひとつには一九九〇年代に入り「学校生活にゆとりを確保するには、学力試験における受験教科・科目数はなるべく減らすべき」という国の方針がありました。いっぽうで、18歳人口が減少するなか、受験科目を減らすことで受験のしやすさやブランド力を高めて、受験生を獲得したい私立大学の経営的な判断もありました。科目を減らせば、偏差値が上がりますし、受験しやすくなるので志願者が増え、検定料収入も増えます。

ちなみに、ＡＯ入試や推薦入試は定員確保が主たる目的ですが、大学によっては、一般入試枠を縮小することで、偏差値の維持や上昇を意図している場合もあるようです。

いずれにしろ、受験科目の減少は、大学入試を控えた高校生に、少なくなった受験科目に特化した受験対応型の学習を促すことになりました。現在の高校のカリキュラムは選択の自由度が高く、受験に関係ない科目は履修《りしゅう》しなくてもすむようにできているからです。こうして、受験科目に集中する。全国の多くの高校で、卒業に必要な必修科目の未履修が発覚した「未履修問題」がありましたが、あれは進学実績のために学校自らルールを曲《ま》げ、これを行なっていた結果です。

私が大学受験をした半世紀前は、今とは受験のしくみも違って、いわゆる国立一期校、

図表4　受験科目数

入試方法別

一般入試、センター試験（3,338人）	推薦入試（477人）	ＡＯ入試（245人）	指定校推薦（573人）
5.3科目	2.6科目	1.6科目	0.9科目

大学種類別

国公立大学（1,717人）	私立大学（3,194人）
5.8科目	3.2科目

※2012年調査
（ベネッセ教育総合研究所「第２回大学生の学習・生活実態調査」より）

二期校の時代で、入試は５教科７科目でした。

授業は、ほとんど全科目が必修でしたから、国語、古典、漢文や地理も数学も日本史も世界史も物理も化学も生物も全部きっちり学びました。

当時の大学進学率は10％ほどで、上位の大学に進むのは数％もいなかったでしょうから、ある程度のレベルにある受験生たちが〝ドングリの背比《せいくら》べ〟をしていたわけです。大学入試は今ほど熾烈なものではなく、高校の授業内容について一生懸命に勉強していれば、それでほぼ十分でした。

ただし、ほとんど必修科目ですから、今

のように受験科目だけ勉強すればいいというわけにはいかない。みんなまじめに勉強しました。それが良かったのです。高校時代に、幅広い知識や全方位型の教養の基礎を身につけることができましたから。

大学側も、入試は5教科7科目だけれど、その成績を見れば、受験科目以外の学力も担《たん》保《ぽ》できると考えた。それだけ、当時の受験生はきちんと勉強していたのです。だから、大学は入試で一定の成績を収めた学生は安心して受け入れたし、高校時代の土台の上に、より深い教養と専門的な教育を施《ほどこ》すことができました。

しかし、今は受験に関係ない科目はまるで邪魔者《じゃまもの》扱いです。たとえば、理系希望の学生ですら、数Ⅲを履修していなかったり、物理、化学、生物のうちひとつしか履修していなかったりするケースが多い。大学側が受験生集めのために受験科目を減らしているからです。

地理・歴史や理数系で履修しなかった科目は、中学までの知識しかありませんから、多くの生徒の場合、高校受験の頃がそのピークで後は忘れるばかりです。大学に入る頃には、下手《へた》をすれば、小学生レベルまで後退しています。だから、小学六年の「平均」がわからない学生がゾロゾロ出てくるのです。それでも受験にはいっさい支障がない。日本史を履修しなくても法学部に入れるし、生物を学ばなくても医学部に入れるし、物理を取らなくても工学部に入れるわけです。

今、日本では科学技術立国が叫ばれていますが、私はひとつの専門を究《きわ》めるだけでは新しいものは生み出せないと思います。さまざまなものを学んでそれらを総動員できる、知識と知識をつなぐトレーニングを受けた人間でないと、創造的な仕事はできないからです。

土台がいいかげんでは、いい家が建つはずがありません。勉強するのは受験科目だけでそれ以外は中学まで、後はほったらかしでは、人として当たり前の知識や常識すら持たない学生や社会人が出てくるのも無理はないのです。

大学生が劣化したのはまさにそのためで、要するに高校までの中等教育で身につけるべき基礎学力が担保されていないのです。

２００万円の東大行きの切符

大学全入時代とはいえ、志願者の多い大学は依然として厳しい競争があります。受験科目偏重の入試対応型の学習傾向は、それを勝ち抜くための手段なわけですが、そうした高校生の受験行動に大きな影響を与えているのは保護者です。大学の入口のところで、子どもの一生が決まると思っている保護者があまりに多いのです。

いい会社に就職し、いい人生設計を描くためには、いい大学に入らないといけない、だから何としてもいい大学に行かせてやりたい——そう考えるわけです。

そのためには投資を惜《お》しまない。子どもの将来を考えて、できるだけ効率的な勉強のしかたを習得するため小学校から塾に通わせます。ある有名学習塾の費用は、年間２００万円もするそうです。京都大学の授業料は年間約54万円ですから、約4倍です。それだけの費用をかけるのは、有名・難関大学への合格率が高く、入学の可能性が開けるからです。

つまり、東大などの難関大学行きの切符を年２００万円で手に入れたいというわけです。

しかし、ある有名予備校の名物講師の方が言うには、「有名中学に入っても中学受験で燃え尽きてしまい、学ぶ意欲を失《な》くす生徒も少なくない。大学受験では東大はおろか、中堅私大にも通らない生徒もいる」そうです。

受験用のさまざまな技術を学び、試験に通るための知識を徹底的に詰め込むには、なるほど塾はいいかもしれません。多額の費用はかかりますが、見返りも期待できる。

ですが、そうした受験科目に特化した学びからは、人生の土台となるような幅広い知識を獲得するのは困難ですし、何より10代後半の一番多感でいろいろなものを吸収できる時期に、偏《かたよ》った勉強ばかりしていれば、人間形成に歪《ひず》みを生《しょう》じるのではないかと気がかりです。

誤解のないように言いますが、「暗記、詰め込み＝悪」と言っているわけではありません。近年は「覚えるだけではダメ。考えろ」という声が多いわけですが、覚えていない人に考えろと言っても無理です。基礎学力があってはじめて考える力は生まれるのです。

考えるためには、脳のなかの引き出しは多ければ多いほどいいし、10代後半であれば頭も柔《やわ》らかい。脳科学によれば、脳がシナプス（神経細胞間の結合部）をいかにつなぐかは18歳までの脳のトレーニングによるといいます。いろいろなことを記憶させ、考えさせ、脳を発達させる、そのプロセスこそが「知の涵養《かんよう》」です。幅広く学び、脳を鍛《きた》えるには高校時代がゴールデンタイムで一番いいのです。

この時期に脳を鍛えないと、考える力が弱くなってしまいます。言われた通りにレールの上を走るのはうまいが、レールを外《はず》れたとたんに走れなくなってしまう。だからこそ、受験に関係ない科目も勉強すべきなのです。

ところが、学びのゴールが「いい大学」になると、受験に関係ない科目などどうでもいいし、邪魔でしかなくなってしまう。これは、やはりまちがっていると思います。

先日、ある中学の先生からこんな話を聞きました。「近頃は保護者の方から、『先生、どこの大学出たん?』と聞かれることが増えた。それで『○○大学』と言うと、露骨《ろこつ》に（何や、そんな人にうちの子どもは預けられません）という目つきになる」と。

出身大学を聞いて、教師を値踏《ねぶ》みするような保護者に育てられる子どもはかわいそうです。たとえ有名大学に入れたとしても、その後の人生が心配でなりません。

伸びきったパンツのゴム⁉

　さきほど、大学生の劣化は中等教育で基礎学力が担保されていないからだ、と書きました。受験科目に特化し、それ以外の科目の勉強を疎《おろそ》かにするか、まったくしないため、高校までにきちんと身につけるべき幅広い基礎的な知識や教養がないまま大学に入ってくる学生が多い、と。

　それでも、大学に入ってから、それを補《おぎな》って余りあるだけのしっかりとした学びの意欲や環境があればいいのですが、残念ながら、そうではありません。

　まず、学生自身に学びの意欲が欠けるケースが多い。これはＡＯ入試、推薦入試などの手軽な入試組だけでなく、一生懸命に勉強して希望する大学に入った学生も同様です。

　京都大学と言えば、昔から「自由でバンカラ」の校風で知られていますが、今の高校生は大学のカラーには関心がなく、ほとんど偏差値で進学先を決めます。高校や塾の先生も「君の偏差値だと東大は難しい。でも京大、阪大は何とかなる。だったら京大に挑戦してみたらどうだ」、そういう指導が多いと聞きます。

　要は、偏差値をモノサシにして、自分の実力（受験科目のみの成績）で合格ラインに届く一番難しい大学を目指すわけです。多くの高校生にとっては、それが最大の目標であり志望動機です。大学で何を学び、将来、どういう仕事に就《つ》き、どんな人間になりたいか、などということは二の次、三の次で、とにかく手の届く最難関を目指す。

それでも、成績上位で合格した学生はいいのです。その多くは余力を持って入試を突破していますから、入学後に自分の目標を見出し、それに向かって歩いていけます。問題は、ギリギリ合格ラインに到達した学生です。もちろん、このなかには「高校時代は部活ばかりで、たいして勉強していなかったのに、何とか引っかかることができた。ラッキー」という、ある意味、地頭《じあたま》のいい学生もいるでしょう。そういう学生はすばらしい。必ず伸びます。

しかし、ギリギリ組の多くは違います。部活もしないで、ひたすら受験科目の勉強だけしてきた学生たちです。彼らのなかには入学したとたん、目標を失い、抜《ぬ》け殻《がら》のようになってしまうケースが少なくないのです。持てる力を出しきってしまい、もはや学びの余力のない、さながら〝伸びきったパンツのゴム〟のようだ、と言われるような学生です。

彼らは、最近目につく、ひ弱な学生とも重なります。心身の疲弊《ひへい》はメンタルも含めた体調の不良を招きやすい。多感な青春期に「いい大学」を目指して偏った勉強ばかりしていた歪《ひず》みではないかと思います。

彼らは本来、京都大学が求めている学生ではありません。私たちが欲しいのは大学に入っても余力のある学生です。それも、受験に必要な特定の科目だけでなく、その他の科目も含めてできるだけ幅広く積極的に勉強してきたオールラウンド型の学生です。

というのも、入学後に何か新しいものを創り出すには、幅広い知識や教養が不可欠であると同時に、それらを一度棚卸《たなおろ》しして、本当に自分が正しいと思うものだけを棚に入れ直す必要があるからです。

それは言葉を換えるなら、それまで蓄《たくわ》えてきたすべての知識や考え方、物の見方を「まちがいかもしれない」と疑い、いったん白紙に戻す作業です。これを「アンラーニング（unlearning）」と呼んでいますが、その前提は高校時代の幅広い学びです。それがないと疑いようもない。

常識や定説を洗い直すことで、新《あら》たな創造の可能性が開けることを、私たちは、過去の多くの体験や事例を通じてよく知っています。アンラーニングは学びの本質であり、これこそが独創的な研究にもつながっていく、京都大学の「自由の学風」なのです。

大学生が勉強しない本当の理由

しかし、受験科目以外もきちんと勉強して、なおかつ余力を残して京大に合格できる学生は、現実問題としてそう多くはありません。今のような1点差を争う受験システムのなかで上位の大学を目指すとなると、受験科目に特化し、それこそ持てる力をすべて出しきらないと、なかなか合格するのは難しいのが実情です。

そういう学生にしてみたら、「せっかく京大に入ったんだから、もっと勉強しろ」と言われても、なかなかその気にはなれません。フルマラソンを完走した直後に「もう1回42・195㎞を走れ」と言われるようなものです。だから、もう走らない。走るのをやめてしまう。そして、それでも学生は困らない。

日本の大学は、学生数が定員を大きく上回ると、国からの補助金が減らされるため、よほど不まじめな学生でもない限り、留年などさせないで、卒業させることが多いのです。「日本の大学は、入ってしまえば出るのは簡単」と言われる所以《ゆえん》です。

この点に関しては、政府の教育再生実行会議で、定員超過になっても補助金を減額しないようにして、成績が悪ければ簡単には卒業できないように、出口管理を厳しくする方向で議論が進められています。大賛成です。ただし、それには在籍者増にともなう設備面の問題、正当な留年を証明するための成績評価の透明化、留年しても年齢で不利にならないような就職面での配慮など、クリアすべき課題が多いのは言うまでもありません。

ともあれ、現状は、あまり勉強しなくても卒業はできます。さらに言えば、企業は採用時に大学の成績を重視しません。「大学の成績など当てにならない」と考えているからです。出身大学と入社時の筆記試験で、ある程度の質を担保したら、後は素材重視で求める人材かどうかを多段階の面接でふるいにかける。

つまり、日本の大学生は、大学で何をどれだけ学び、身につけたかを問われることなく、卒業も就職もできるわけです。これでは、一生懸命勉強しようなどと思うはずがありません。勉強のし甲斐《がい》がないのです。

その結果、入学しても単位が取れればいいと、取得が簡単な楽勝科目ばかり選択する。「入試であんなにがんばったのに、何でまたそんなに勉強しなきゃいけないの？」となってしまうわけです。

大学教育の質の低下

大学の側にも問題はあります。一番の課題は教育の質です。かつて、日本の大学は一、二年次で教養、三、四年次で専門を教えていました。しかし、一九九一年に大学設置基準が大綱化され、両者の区分と履修義務が撤廃されました。これにより、ほとんどの大学では、それまであった教養部をなくしてしまいました。

そのいっぽうで高度経済成長以降、産業界からは、より専門的な知識を求められるようになった。真空管《しんくうかん》からトランジスタ、IC、ナノテク、バイオ……と技術は進み、今も日々進歩を続けています。しかも、そのスピードはどんどん速くなっている。

この間、先端技術分野をめぐる世界での競争は熾烈《しれつ》を極《きわ》め、大学の専門教育に対しても、それに対応する、より深い教育を望む声が大きくなります。そこで大学は、専門教育は三、四年次だけでは足《た》りない、と一、二年次でも教えるようになりました。本来であ割《わり》を食ったのは教養教育で、教養科目を学ぶ時間がどんどん減ってしまった。

れば、高校での幅広い学びの上に高校ではできなかった、より深い教養を身につけさせるはずの大学の教養教育の機能が大きく後退し、衰退してしまったのです。

専門教育は、教養教育という土台がしっかりしてこそ成り立ちます。それを壊してしまった。その結果、受験科目しか勉強しなかった学生はさらに劣化し、受験科目以外も勉強した学生は、より深い教養を身につける機会を十分に得られなくなった。

深い教養は、思考や創造の源泉です。これを欠いては興味も広がらないし、学習意欲も湧《わ》いてきません。受け身になりがちで、主体的に考えられない。持てる知識を総動員し、あれこれ組みあわせたりして、斬新《ざんしん》なアイデアを生み出すことも難しくなります。

スティーブ・ジョブズは、アップルの製品はリベラル・アーツ（教養）とテクノロジーの交差点から生まれたと言っています。彼の作った製品は、ｉＰｏｄにしろｉＰｈｏｎｅにしろ、ひとつひとつの技術は取り立てて驚くほどのものではない。すごいのは、それまでの技術を巧《たく》みに組みあわせて、誰も考えなかった独創的な製品にまとめ上げたことです。しかも、社会のニーズから人の欲求、行動パターン、芸術的センスに至るまで、あらゆることが考え尽くされている。すさまじく広くて深い教養があったからこそ、それらを総結集し、ひとつの製品へと織《お》り上げることができたのです。

長引く経済の低迷で、今ほどイノベーション（革新）が求められている時はありませんが、それには科学の知識だけでなく、教養にもとづく幅広い知識が必要です。それを欠いては、いくら専門教育を積んでも、創造性豊かな独自の研究などできるはずがないのです。

教育の質という点で言えば、大学教員の質も無論《むろん》、問われなければなりません。日本では教授になれば、よほどの不祥事でもない限り、その職はほぼ安泰です。しかし、欧米の大学教員は違います。あれこれ工夫して学生の向学心《こうがくしん》を刺激し、成績を伸ばさないと、いつ追い出されるかわからない。だから、必死で学生を勉強させようとします。

ところが、日本でそれをすると「あの先生は厳しい、単位が取りにくい」と、敬遠されてしまう。ところてん式で卒業できるし、企業も大学の成績を重視しないので、学生は学びの意欲が低く、「単位さえ取れればいい」という発想になりがちだからです。そういう学生を相手に、課題を出すなど密度の濃い授業をやろうとすると嫌われる。報《むく》われない。ならば、何も自分の研究の時間を割《さ》いてまで、学生をその気にさせる必要はない。楽勝科目でいいじゃないか。学生も喜ぶし、自分も研究に時間が割ける。教員も人間ですから、どうしても易《やす》きに流れる教員も現われるのです。

就職活動の早期化で、さらに劣化する

劣化した学生の学びをさらに悲惨なものにしているものがあります。それは、就職活動です。

経団連は「三年次の十二月から解禁」としていますが、現実には、学生たちは三年次になるとそわそわし始め、夏にはリクルートスーツを着ています。経団連は、二〇一六年入社から就活解禁を3カ月繰《く》り下げ「三年次の三月」にする予定ですが、違反に罰則がなく、抜《ぬ》け駆《が》けの横行が懸念《けねん》されています。大学の学びを考えれば、本来なら「四年次の十二月から解禁」が筋だと思います。早くても「四年次の夏以降」です。

なぜ、これほど企業の採用時期が早いのかと言えば、繰り返し述べているように、採用に当たって大学の成績を重視していないからです。「出身大学＋素材」で選ぶなら、四年次までの教育の成果など見る必要はないわけです。成績が関係ないなら、学生もがんばっ

て勉強して良い成績を収めようとは思いません。それこそ、内定をもらって就職先が決まれば、後は卒業に必要な単位の心配をするだけです。事実上、大学の三、四年次の教育は、大きなマイナスのインパクトを受けています。

では、一、二年次はどうかと言えば、まず一年次は過酷な受験勉強の反動で、ほぼリハビリで終わります。リハビリ期間を経て二年次になると、心身もリフレッシュし、「よし、勉強だ」となる学生もいますが、大学生活にすっかり慣れ、部活やアルバイトに精《せい》を出す者が数多く出てきます。そして、気づけば三年です。

もちろん、一、二年次にしっかり勉強する学生もいます。ですが、三年次になれば、やはり就職活動に入らざるを得ない。日本の大学教育は、前半は受験の後遺症で疲弊し、後半は就職活動で疲弊し、潰《つぶ》れそうになっています。「いったい、いつ勉強すればいいんだ?」という話で、これでは学生の質が劣化するのも無理はない。にもかかわらず、産業界の方は言います。

「今の学生はなってない。使えない」と。

つい先日も、ビジネスの国際展開を進めているある企業の方から、「世界で使える人材が少なすぎる。大学は何をやっているんだ」とお叱りを受けました。経済のグローバル化が激烈な勢いで進展するなか、グローバル人材（global human resources）の不足を嘆《なげ》く声は多く、その矛先《ほこさき》は真っ先に大学へと向かいます。

「教養こそ重要だ」

「しっかりした学生を育てて送ってほしい」

「世界に通用するグローバル人材を育てるべきだ」

かつて、産業界では「必要な人材は筆記試験と出身大学である程度質を担保し、入社後にOJT（On the Job Training）で育てる」という姿勢が顕著でした。しかし、グローバル化の進展でその余裕を失《な》くし、世界で戦える即戦力を求めるようになっています。

英語ができて、コミュニケーション能力があって、教養もあり、日本の文化もわかり、世界でビジネスが遂行できる人材を育てるべきだ、と。

しかし、それは少々違うのではないですか、というのが偽《いつわ》らざる気持ちです。人材育成のベースである、大学の教養教育が事実上解体された経緯、大学の成績を問わない採用基準、それにともなう採用時期の早期化などで学生の劣化がいっそう進んでいる事情などを考えると、複雑な気持ちにならざるを得ないのです。

大学にも、問題はたくさんあります。それは改めなければなりません。ですが、学生劣化のそもそもの淵源《えんげん》である中等教育で、基礎学力が担保されていない状況を何とかしない限り、グローバル人材の育成も含めた本質的な問題の解決にはならないのです。

産業界の方は「大学で即戦力を」と言いますが、その学生たちが高校で何を学んできたのかは問いません。もっとも大事な視点がすっぽり抜け落ちているのです。

そもそも、大学は即戦力を育てる場所ではなく、「基礎的な力、底力」を養成するところで、それこそが使命です。基礎がしっかりしていればこそ、環境の変化にも対応できるし、新しい知識を吸収し、自ら課題を見つけて解決することもできるのです。

何をもって即戦力とするかは議論のあるところですが、たとえばグローバル人材＝英語力だとして、ＴＯＥＩＣの高得点者を採用したはいいが、基礎的な知識や常識、コミュニケーション能力などに欠け、使いものにならなかったなどという話も聞きます。

ですから、産業界が、そうしたうわべの即戦力ではなく、本当の意味で使える人材、すなわち、基礎をしっかり身につけ、どんな状況にも対応できる人材、耐え得る人材を育ててほしい、世界のどこへ行っても生きていくのに必要な発言力、発信力、対話力を身につけさせてほしい、と言うなら大賛成です。

そうしてきちんと土台を作っておけば、日本でも世界でも必ず通用します。産業界などで活躍するのは、そういう人たちです。大学までの教育で、基礎的な力をきちんと身につけていたからこそ、社会へ出ても伸びたのです。もちろん、努力もあったでしょう。ですが、土台がしっかりしていなければ、報われる努力も限られます。

成功した人は、よく「学生時代はちっとも勉強しなかった」などと言われますが、あまり真《ま》に受けないほうがいいと思います。多くは照《て》れで、みなさん学ぶ時はきちんと学んでいます。そうでなければ、人の上に立ち、世界で戦うような仕事はできません。

日本に蔓延《まんえん》する、危機感の欠如

さて、ここまで学生劣化の背景を見てきました。おさらいすると、こうなります。

18歳人口が減少するなか、大学の収容力が大幅に増え、大学全入時代が到来した。各大学は、受験生獲得のためにＡＯ入試や推薦入試、受験科目の削減などを導入、手軽な入試が進むいっぽう、受験科目に特化し、それ以外は勉強しない受験対応型の学習が当たり前となった。その結果、高校レベルの基礎学力を身につけないまま大学へ進む学生が増えた。これこそ、学生の劣化の本質で、ところてん式に卒業させる大学のありようや教養教育の衰退、さらには産業界の要請による就職活動の早期化、大学の成績を重視しない採用基準などにより、劣化がいっそう深刻化している。

繰り返しになりますが、要するに中等教育で基礎学力が担保されていないのです。

しかし、これはすこし考えればわかることで、高校、大学教育に関わる者であれば、ずっと前から誰でも知っていました。高校の履修選択の自由度が大きく増えたのは一九八〇年代に入ってからですから、遅くとも一九九〇年代以降は、多くの人たちが問題の本質を共有していたはずです。にもかかわらず、根本的な対策が取られずに来た。そして、事態はどんどん悪化してしまった。

なぜ、そうなってしまったのでしょうか。私は、その原因は、この国の「豊かボケ」にあるのではないかと考えています。

茶道《さどう》や武道などの世界には「守破離《しゅはり》」という言葉があります。師弟から学び、やがて独《ひと》り立ちするまでの段階を説《と》いたもので、次のようになります。

「守」——師匠の教えを忠実に守り、ひたすら基本を身につける段階
「破」——師匠の教えを基盤とし、自分なりの方法を模索する段階
「離」——師匠の教えから離れ、自分の型、スタイルを確立する段階

この守破離は、私たちの社会にもあります。どの社会も成熟してくると、学び（守）や模索（破）から独自性（離）の段階へと入っていきます。日本は明治維新以降、西欧列強をモデルに学び、追いつき追い越せで国を成長させ、途中、迷いながらも、一九八〇年代には「ジャパン・アズ・ナンバーワン」と呼ばれるまでになりました。

しかし、バブル経済が弾《はじ》けて以降、日本は本当の意味で独自のものが生み出せず、長く停滞しています。「離」がうまくいっていないのです。

それでも、日本社会はきわめて安定しており、この国はわずかながらも上昇を続けていると思っている人が多いはずです。まだ日本は大丈夫、経済大国だ、と多くの人々は考え

ているのです。しかし、実際には、経済力を示すGDP（国内総生産）は、今や中国に抜かれ世界第3位へと後退し、GDPの伸び率は世界のなかで最低水準です。人口減と経済の縮小による国力低下という深刻な危機に直面しており、本当は大丈夫ではないわけです。

OECDが二〇一二年十一月に発表した「二〇六〇年までの長期経済成長見通し」には、こう書かれています。

「これまで私たちが慣れ親しんだパターンと異なる長期経済成長を辿《たど》ることで、各国経済の世界に占める割合は大きく変化することになります。現在トップに君臨する米国は、早くて二〇一六年にも中国に追い越され、いずれはインドにも追い越されるでしょう。さらに中国とインドを合わせれば、まもなくG7全体の経済力をも追い越し、二〇六〇年にはOECD加盟国全体を追い越すことが予測できます。急速な高齢化が進むユーロ圏や日本といった現在の経済大国は、若年層が人口を占める新興経済のインドネシアやブラジルのGDPに圧倒されることになります」

そして「二〇一一年には世界のGDPの7％を占めた日本ですが、二〇三〇年には4

%、二〇六〇年には3%になり、中国の28%、インドの18%、米国の16%に比べ大きくその影響力を失《な》くすだろう」と予測されています。

しかし、それが実感として湧かない。長い間、世界のナンバー2の経済大国であり続けたし、個人金融資産も1600兆円と米国に次いで多い。2人以上世帯の金融資産の平均値は約1100万円です（金融広報中央委員会「家計の金融行動に関する世論調査」二〇一二年）。

もちろん、一部の富裕層が平均値を押し上げているため、多くの人の実感とはかけ離れていますが、財布を開けばそこそこお金は入っているし、景気が良くないと言いながらも、生活が立ち行かなくなるわけでもない。きちんと住宅ローンを払って、たまには家族で一緒にレストランで食事をし、旅行に行ったりもする。リッチではないけれど、けっして貧乏ではない。それなりに生活が楽しめるのです。

だから、危機感がない。子どもはそういう大人を見て育ちますから、「このままでは日本が危ない。何とかしないと自分の将来が心配だ」などとは考えないのです。

学生の劣化の問題も同じだと思います。問題は認識していても、何となく世の中はそれなりに回っている。教育改革というのは、いざやるとなると大事《おおごと》だ、影響が大きい。とりあえず何とか回っているなら、多少問題があっても、まあ、いいじゃないか。そうして、放置されてきたのです。

〝先衰国《せんすいこく》〟日本

先進国の孕《はら》むもっとも大きな危険性は、すぐに〝先衰国〟になるということです。豊かボケで、未来に対する危機意識が希薄《きはく》であれば、「これでいい」と現状に満足し、新しいことへチャレンジなどしなくていいと思ってしまいます。これでは、社会から活力が失われるのは当然で、早晩《そうばん》、「何くそ！」と追いつき追い越せでがんばっている国に追い抜かれるのは必定《ひつじょう》です。これは、企業でも大学でも個人でも同じです。トップランナーは、そのポジションに安住し、すこしでも心に隙《すき》や緩《ゆる》みが出れば、たちまち後続に追いつかれ、「先衰人」になります。

大学は世界で戦えるグローバル人材を――。そう要求してきた産業界ですが、最近は「日本にいい人材がいないなら」と、海外の大学や日本の大学に留学している優秀な学生を採用するケースが増えています。グローバル人材の確保は、日本の学生の育成と留学生を含む海外の人材の活用の二本立てですが、なかなか日本の人材が育たないので、痺《しび》れを切らしたのでしょう。

実際、日本に来ている留学生は、多くが大変優秀です。京都大学でも、成績上位者の多くに中国からの留学生が含まれています。理系の大学院では、今や日本の学生より中国からの留学生のほうが中心になっている大学が少なくありません。彼らはまじめによく勉強しますし、何事にも熱心です。しかも、母語《ぼご》の中国語のほかに英語と日本語ができる。グローバル展開を考えている企業からすれば、魅力的な人材に映《うつ》るのは当然で、続々と日本の企業が採用しています。

ここまで述べてきた学生劣化の背景、要因を放置していたら、それこそ15年もしたら、日本の企業のトップはみんな中国人になっているかもしれません。それくらい、中国からの留学生には、すぐれた人材が多いのです。

急増する留学生や海外の学生の採用は、日本の学生の劣化の証明であり、日本の人材育成力の衰退を表わしています。まさに「先衰国」ですが、その自覚はきわめて希薄です。

「このまま手をこまねいていれば、早晩、日本は中位国に転落する」

そういう危機感を産学官民で共有し、それこそオールジャパンで真剣に学生劣化の淵源に目を向け、教育改革、大学改革に取り組んでいかないと、世界に伍《ご》して戦うための、貴重な人的資源や科学技術の高度化などできません。掛け声だけは立派ですが、どうにも内実《ないじつ》がともなわない。そういうことが多すぎます。

ちなみに米国は、一九八〇年代以降、日本の追い上げなどもあり、「先衰国」の危機に直面すると、衰退した人材育成力の復活に国を挙げて注力しました。海外人材への過度の依存がもたらす思わぬ副作用も経験しましたが、この点については第二章で改めて述べます。

東京は、この国の縮図

日本社会に蔓延する危機意識の欠如を象徴的に示しているのは、海外へ出ない内向き志向の若者たちの存在です。彼らが海外へ出たがらないのは、まさに「これでいい」の現状肯定であり、あえてチャレンジをする必要性の否定です。

今はインターネットの時代ですから、世界中の情報が簡単に手に入るし、ツイッターやフェイスブックで世界中の人と知りあうこともできる。テレビも、ケーブルテレビに加入すれば世界中のテレビが視聴できます。それに、日本は今や世界が認める美食の国ですから、ミシュランの三ツ星レストランもたくさんあります。世界的な名画やアーティストに直《じか》に触れる機会も多い。ある程度大きな都市なら、今では外国人もけっこう住んでいますから、その気にさえなれば、外国人の友人もできます。人もモノもサービスも、わざわざ外国に行かなくても、欲しいものはたいてい手に入るのです。

しかも、大学はほぼ全入時代ですから、贅沢を言わなければ、必ずどこかに入れて卒業できます。就職難が叫ばれていますが、これも需給のミスマッチの面が少なくないですから、やはり贅沢さえ言わなければ、職を得ることはさほど難しいことではない。

そう考えれば、そこそこ幸せな人生は送れてしまうのです。ならば、何もわざわざ海外にまで出かけて行って、しんどい思いをしてまで自分を磨《みが》く必要はない。あえて海外に出る理由も必要性も感じないのです。

ましてや日本最大の国際都市である東京であれば、なおさらそうです。東京には何でもあります。全大学の2割近くが集中し（埼玉・千葉・神奈川3県を加えると約3割）、日本を代表する国公私立大学も多い。あの巨大な街にいたら、「この国の未来は大丈夫だろうか」とは考えなくなります。東京は、危機感を忘れた、この国の豊かボケの縮図なのです。

私は、日本社会に蔓延するこうした危機感の欠如（豊かボケ）こそが、内向き志向に象徴される学生の劣化をもたらし、なおかつそれが放置されることになった、本当の理由ではないかと思います。

「秋入学」で、本当に国際化されるか

産業界が、日本への留学生や海外の学生を採用するケースを増やした今、日本の大学は、否応《いやおう》なしに海外の大学と同じ土俵で勝負を強いられるようになりました。グローバル人材の育成と国際的に通用する大学・大学院教育への質的転換は、大学改革の重要課題であり、大学生き残りのカギと言ってもいいでしょう。

そうしたなか、最近注目を集めているのは、国際化のための「秋入学」です。ご存じの方も多いと思いますが、一般にその目的は、大学の入学時期を世界の多くの大学で採用し

ている九月に合わせることで、①日本の留学希望者や海外からの留学生、研究者の受け入れの障壁をなくす、②海外の一流大学との交流を促進する、③前記2項を通じてグローバル化に対応できる人材を育成する、とされています。大学の国際化の切り札とする声もありますが、課題も少なくありません。

まず、日本人の海外留学の促進ですが、その意識を高めるには、こうした制度変更よりも、むしろこれまで述べてきた教育現場で起きている歪《ゆが》みの根源を断《た》つことのほうが大事ではないかと思います。今の大学生は、受験科目しか勉強しないために高校レベルの基礎学力に欠ける者が少なくありません。しかも、それを大学の教養教育の衰退と産業界の要請による就職活動の早期化がいっそう深刻なものにしています。この状況をそのままにして、入学時期だけを秋にずらしても、海外留学する学生はさほど増えないと思います。

逆に言えば、そうした歪みを解消できれば、今の春入学でも海外留学を増やせるはずです。たとえば、セメスター制（二学期制）をクォーター制（四学期制）に変える。これによって海外の大学に合わせやすくなり、六～八月を休みにすれば、海外のサマースクールに参加しやすくなるし、九～十二月の学期は短期留学がしやすくなります。

では、海外から日本への留学生はどうか。確かに入学時期を合わせれば、来やすくはなります。しかし、入学時期が同じになったからといって、欧米諸国から多くの学生が日本へやって来るとは思えません。英語の授業を用意しても、欧米の大学以上の魅力がなければ、わざわざ日本まで来る意味がありません。

大事なことは、英語の授業や外国人教員を増やすことではなく、欧米の大学にはないもの、たとえば高いレベルの研究ができれば、「日本で学びたい」となります。京都大学には、毎年3000人以上の研究者が海外からやって来ます。それは「京大で研究したい」と望むに足るだけのすぐれた研究者がいるからです。

このような魅力を提示できなければ、日本文化などに興味を持つ学生以外はなかなか来ないのではないかと思います。結局、物を言うのは大学の研究力、教育力であり、欧米の学生を唸《うな》らせるような実力がなければ、入学時期を欧米に合わせただけでは、留学生を呼び込むのは難しいのではないでしょうか。

「ギャップターム」で、主婦のパートがなくなる⁉

秋入学への移行にともなう、高校卒業から大学入学までの半年間のギャップターム（ギャップイヤー）は、海外留学、語学研修、インターンシップ、ボランティアなどの知識習得や社会体験に充《あ》てることが想定されていますが、これも課題が多い。

たとえば、海外留学について言えば、さきほども述べたように学生たちが「行きたい」と思えるような状況にならないと、なかなか難しいでしょう。

大学に入る前に半年間、海外へ武者修行に行くといっても、お金がなければ無理です。経済的にゆとりのある家庭であれば、簡単に送り出せるでしょうが、そうでない場合は、高校を卒業したらまずアルバイトをすることになるでしょう。それでお金を貯《た》めて、親からも援助してもらって、生活費のなるべく安く上がる国へ1、2カ月間行く。結局、そんなことになるのではないでしょうか。

もちろん、行かないよりは行ったほうがいい。けれども、半年では時間が短すぎます。その程度では、語学にしろ、異文化にしろ、得られるものには限りがあります。

私は最初に米国に留学した時、3カ月間はなじめませんでした。英語に不自由がなく、相当に図太《ずぶと》い性格の私でもそうなのです。子どもも一緒でしたが、ABCも教えないで連れて行ったため、幼稚園でまわりが何を話しているのかさっぱりわからない。そのストレスから粗暴になって、クラスの子を殴ったり、蹴《け》ったりする。園の先生が家に怒鳴り込んできました。

やっと子どもが話し始めたのはちょうど半年後で、はじめて聞いた子どもの英語は、「チキン！（腰抜け）」でした。家の外が何やら騒がしい。見ると、うちの子どもとメキシカンの子どもがケンカをしている。その時、うちの子どもの口から飛び出したのがそのスラングでした。子どもというのは非常に適応が早い。それでも半年かかるのです。

いずれにしろ、もし国が制度として秋入学の導入を決めるようなことがあれば、世の中には、ギャップタームを利用してアルバイトをする学生が溢《あふ》れ返るでしょう。四年制大学の入学者は61万人もいます（二〇一二年）。すると、おそらく家庭の主婦のパートが根こそぎ奪われます。社会的な労働問題になると思います。

「達成度テスト」は、受験をどう変えるか

政府の教育再生実行会議によって、現行のセンター試験に代わる「達成度テスト（仮称）」が議論されています。早ければ、5年後にも実施される予定ですが、このテストはどういうものでしょうか。これまで明らかになっている情報を整理すると、次の方針でまちがいないようです。

①1点刻《きざ》みの学力評価によって合否が決まる方法は取らない
②大学の二次試験は、面接や論文などで多面的に人物評価をするように促す

その中身を簡単にまとめると、こうなるでしょうか。

まず、センター試験を廃《はい》し、新たに高校での学びの達成度を測《はか》るために「達成度テスト」を創設し、それを「基礎テスト」と「発展テスト」のふたつに分けます。

「基礎テスト」は、高校二年から複数回受けられるようにし、試験科目は「基礎的な科目（国語、英語、数学などの必修科目）」での実施を予定。ＡＯ入試、推薦入試などへの利用が

可能です。

「発展テスト」は、高校三年の一月にセンター試験の6教科（国語、地歴、公民、数学、理科、外国語）で実施予定。こちらも複数回の実施が予定されています。

結果は1点刻みではなく、幅を持たせて段階的にランクづけするとしています。教科によっては英検（実用英語技能検定）やTOEFL、簿記検定などの資格・検定試験の代替《だいたい》も認めるようです。「基礎テスト」はAO入試や推薦入試に、「発展テスト」は一般入試への利用が想定されています。

つまり、AO入試や推薦入試で大学を目指す受験生は、在学中に「基礎テスト」を複数回受け、そのなかで一番良い成績で選抜に臨む。いっぽう、学力勝負で大学を目指す受験生は、やはり「発展テスト」を複数回受け、段階別の成績（教科によっては英検1級、2級などの資格で代替可）をもって各大学に願書を出す。教科別の受け入れスコアは大学から示されるので、成績次第で受験可能な大学は決まる。二次試験では、面接や論文、高校の推薦書、部活・ボランティア・海外留学などの諸活動などが多面的に評価され、合否が判定される——。ざっとこんなイメージだと思います。

繰り返しになりますが、学生劣化の根本的な原因は、中等教育で基礎学力が担保されていないことにあります。「達成度テスト」をどう見るかは、その点の解消・改善につながるかどうかで、大きく評価が変わってきます。

その点、「基礎テスト」が導入されれば、事実上、学力不問のため学習意欲の低いAO入試と推薦入試組も、嫌でも勉強するようになり、最低限身につけるべき学力が担保できるのではないか、という期待があります。「基礎テスト」の結果をAO入試や推薦入試に使うのは、まさにそのためで、問題の難度は低めに設定される見込みです。

いっぽう、一発勝負、1点差勝負で運にも左右されるセンター試験と違い、「発展テスト」は複数回受験でき、一番良かった成績を大学受験に使えます。一発勝負の学力試験だけでは有為《ゆうい》の人材は測れません。受験生にとってはチャンスが広がります。

ただし、それはすべての受験生にとってそうですから、すこしでもいい点を取るために、結局、受験機会をフルに使うことになるでしょう。そのたびに、みんながんばって点数を伸ばすと、これまでの一発勝負以上に苛烈《かれつ》な受験競争が繰り広げられ、高校でのクラブ活動などが衰退してしまう可能性があります。そうなると、高校受験が終わり、入学した直後から「発展テスト」の対策をせざるを得なくなり、これまで以上に受験科目に特化した受験勉強漬《づ》けの3年間になる心配があります。長期のカリキュラムが組める中高一貫校の有利性を指摘する声もあります。

受験の機会が増えれば、それだけ試験問題も用意しなければならない。面接や論文などで多面的に人物を評価するには、予備校などで論文対策、面接対策をたっぷりしてきたプレゼン上手《じょうず》な学生を見抜く必要もある。そのための人員も必要です。国は財政支援を打ち出していますが、試験をする側の負担が増すのはまちがいありません。

また、かねてより議論されている「飛び級」ですが、私はこれには反対です。苗木《なえぎ》と一緒で、促成栽培では根の張りが良くない。植えても育ちが良くないのです。中学・高校時代は、根をしっかりと大地に張る時期です。学問の楽しみに辿《たど》り着くまでに、記憶したり、論理的に考えることを通じて基礎となる学力を身につける。

身体を鍛えるのと同じように、脳を鍛えるのは若いうちです。物理や数学などで論理的なトレーニングをするのはもちろん、古典や漢文などに触れることで、幅広い知識や教養のベースも身につける。それから大学へ入るのが健全なプロセスです。

「達成度テスト」の議論がそのような方向で進むことを願ってやみません。

京都大学は変わる

学生の劣化はなぜ起きたのか――。この問いを中心に、今の大学が抱える問題点の本質、淵源を探ってきました。では、そこから見えてきた課題に対して京都大学は、どう対処しようとしているのでしょうか。改革は、多岐にわたりますが、その核を形成しているのは、次の三つです。

①入試改革→京大方式特色入試
②教養教育改革→国際高等教育院
③大学院改革→思修館《ししゅうかん》

京都大学では、受験科目だけでなく、それ以外の科目もきちんと学び、幅広く知識や教養のベースを身につけた学生にこそ、入ってきてほしいと考えています。そこで、二〇一六年度入試から全学部に一定の枠を設け、「京大方式特色入試」を導入します。各学部が独自に能力測定考査や論文試験や面接試験などを行ない、総合的に判定しますが、その際、センター試験の成績に加えて、高校から提出される学業活動報告書や志願者が作成する「学びの設計書」などにより、高校の全教科の学習成績や課外活動の成果、本人の意欲などを幅広く評価します。

人物本位で学生を選ぶという意味では、先の「達成度テスト」における「発展テスト」と基本的な考え方は同じですが、京都大学では、受験科目以外も幅広く勉強してきたか、そこに力点を置いて判定します。プレゼン対策の巧拙《こうせつ》で合否が決まるような入試制度にはしません。

また、学生の学力を底上げし、教養教育の充実を図《はか》るため、二〇一三年四月に「国際高等教育院」を発足させました。そして、科目どうしの関連やどのような順番で学ぶのがいいかなども熟慮した、新カリキュラムの編成も行ないました。英語による教養科目を大幅に増やすために外国人教員の増員（100人）も計画し、実行に移しています。

大学院改革では、やはり二〇一三年四月から5年一貫の新しいタイプの大学院「思修館

（総合生存学館）」を開設しました。これは研究者育成とは異なり、自分で考え実践を通して複雑な問題解決を目指す新しいタイプの大学院で、社会の先頭に立つリーダーシップを発揮できるような創発力のある人材（＝グローバルリーダー）の育成を目指しています。

京都大学は、「学問の務本《むほん》において世界一を目指す大学」です。「務本」とは、『論語《ろんご》』にある言葉で、物事の本質を把握するように務《つと》めることです。

それには前に述べた知識の棚卸し（アンラーニング）で、常識や定説を洗い直す姿勢が不可欠です。すると、当たり前だと思っていたことから自由になれる。既成の価値観から解放される。京大は「自由の学風」で知られていますが、それはけっして何をしてもいい自由を意味するわけではなく、自らの思考を縛《しば》っているすべてのものから己《おのれ》を解放する自由を意味するのです。

歴史に残る発見は、先入観を捨て、常識を疑い、すべての束縛から自分の思考を解放したところで生まれます。ですから、偉大な先人たちは当初、たいてい異端視されます。アインシュタインですら「時間の流れはいつも一定ではなく、運動の速度によって変化する」と述べた時、変人扱いされました。科学の巨人たちの業績は、最初はすべて否定されるのです。

「科学の外側にあるもの＝非科学」ではありません。理論的にあり得ないとされる現象を無視するのではなく、自由な心で科学の目を入れてみる。すると、そこに非科学ではなく、まだ科学的に証明されていないだけの未科学の種《たね》があることに気づきます。

それを科学の領域に持っていく。未科学に挑戦して、科学に引っ張り込む。それこそが新しい研究であり、一番の醍醐味《だいごみ》です。二〇一二年にノーベル生理学・医学賞を受賞した京大の山中伸弥《やまなかしんや》教授のｉＰＳ細胞の研究がまさにそうでした。細胞は老いるばかりという常識を疑い、チャレンジしたからこそ、再生することに成功した。

京都大学では、こうして非科学の領域に未科学の種を見つけ、新たな可能性に果敢にチャレンジできるような若者にたくさん入学してほしいと願っています。先に示した三つの改革は、そのための核になる施策です。くわしくは、その他の改革と共に第三章、第四章でお話しします。

第二章——

世界で沈む、日本の大学

日本の大学の凋落《ちょうらく》

「10年以内に世界大学ランキングのトップ100に日本の大学を10校入れる」二〇一三年六月、政府は、日本の成長戦略のひとつとしてそう目標を掲《かか》げました。

では、日本の大学は現在、トップ100にどれくらい入っているのでしょうか。世界的に知られる大学ランキングはふたつです。ひとつは英国の調査会社クアクアレリ・シモンズ（QS）が発表しているもの、もうひとつは同じく英国の出版社タイムズ・ハイヤー・エデュケーション（THE）が発表しているものです。

二〇一三年のランキング（図表5）を見ると、QS、THE共に、上位の顔ぶれはハーバード大学やオックスフォード大学など、すべて欧米の名門大学です。トップ100に入っている日本の大学は、QSで6校（32位東京大学、35位京都大学、55位大阪大学、66位東京工業大学、75位東北大学、99位名古屋大学）、THEでは2校（23位東京大学、52位京都大学）にすぎません。

しかも、近年は中国や韓国、シンガポールなどのアジアの新興勢力が猛烈な勢いで台頭しています。旧帝大など日本の上位の大学は、かつてアジアで圧倒的な地位を占めていま

図表5　世界の大学ランキング(2013年)

QS（クアクアレリ・シモンズ）		THE（タイムズ・ハイヤー・エデュケーション）	
1	マサチューセッツ工科大学／米国	1	カリフォルニア工科大学／米国
2	ハーバード大学／米国	2	オックスフォード大学／英国
3	ケンブリッジ大学／英国		ハーバード大学／米国
4	ロンドン大学／英国	4	スタンフォード大学／米国
5	インペリアル・カレッジ・ロンドン／英国	5	マサチューセッツ工科大学／米国
6	オックスフォード大学／英国	6	プリンストン大学／米国
7	スタンフォード大学／米国	7	ケンブリッジ大学／英国
8	エール大学／米国	8	カリフォルニア大学バークレー校／米国
9	シカゴ大学／米国	9	シカゴ大学／米国
10	カリフォルニア工科大学／米国	10	インペリアル・カレッジ・ロンドン／英国
	プリンストン大学／米国	11	エール大学／米国
12	チューリッヒ工科大学／スイス	12	カリフォルニア大学ロサンゼルス校／米国
13	ペンシルベニア大学／米国	13	コロンビア大学／米国
14	コロンビア大学／米国	14	チューリッヒ工科大学／スイス
15	コーネル大学／米国	15	ジョンズ・ホプキンス大学／米国
24	シンガポール国立大学／シンガポール	23	東京大学
26	香港大学／香港	26	シンガポール国立大学／シンガポール
32	東京大学	43	香港大学／香港
34	香港科技大学／香港	44	ソウル大学校／韓国
35	京都大学	45	北京大学／中国
	ソウル大学校／韓国	50	清華大学／中国
55	大阪大学	52	京都大学
66	東京工業大学	125	東京工業大学
75	東北大学	144	大阪大学
99	名古屋大学	150	東北大学

した。このため、欧米の名門大学には及ばなくても、アジアでは群を抜いていると多くの人が今でも思っています。しかし、残念ながらそうではありません。

ランキングから、アジアの上位10校だけを抜き出すと次のようになります。

［QS］①シンガポール国立大学（24位）、②香港《ホンコン》大学（26位）、③東京大学（32位）、④香港科技《かぎ》大学（34位）、⑤京都大学（35位）、⑤ソウル大学校（35位）、⑦香港中文《ちゅうぶん》大学（39位）、⑧南洋《ナンヤン》理工《りこう》大学（41位、シンガポール）、⑨北京《ペキン》大学（46位）、⑩清華《せいか》大学（48位）

［THE］①東京大学（23位）、②シンガポール国立大学（26位）、③香港大学（43位）、④ソウル大学校（44位）、⑤北京大学（45位）、⑥清華大学（50位）、⑦京都大学（52位）、⑧KAIST（56位、※旧韓国科学技術院《かがくぎじゅついん》）、⑨香港科技大学（57位）、⑩浦項《ポハン》工科《こうか》大学校（60位、韓国）

日本の大学でアジアのトップ10に入っているのは東大と京大だけで、ほかはすべてアジアの新興勢力です。THEでは、東大がかろうじてアジアのトップの座を守っていますが、ＱＳでは、その東大もシンガポール国立大学と香港大学の後塵《こうじん》を拝《はい》しています。京大はＱＳで5位、ＴＨＥでは7位です。

日本の大学がアジアで抜きんでた存在だった時代はすでに過去のものです。今や、アジアの新興勢力は続々とトップ１００に自国の名門大学を送り込んでいます。

どれくらいランクインしているかというと、シンガポールがＱＳで2校、ＴＨＥで2校。香港がＱＳで3校、ＴＨＥで2校。中国がＱＳで3校、ＴＨＥで2校。韓国がＱＳで2校、ＴＨＥで3校。いずれの国も2〜3校がトップ１００に入っているのです。中国と香港を一緒にカウントすれば、ＱＳで6校、ＴＨＥで4校になります。また台湾もＴＨＥにはランクインしていませんが、ＱＳでは国立台湾大学が82位に入っています。

なぜ、日本の大学は凋落し、アジアの新興勢力が台頭したのでしょうか。

アジアの新興勢力に抜かれる

東大や京大などの日本の研究大学は、中国、韓国、シンガポールなどの新興勢力が台頭し始める20年ほど前までは、アジアで図抜《ずぬ》けた存在でした。それは自他共に認めるもので、私もそういう環境のなかで学び、働いてきました。

私は、一九八〇年代の初頭、世界銀行の依頼で中国の武漢《ぶかん》大学で1カ月ほど教えたことがあります。不自由な古い官舎住まいで(自由は相当に制限されました)、食事は毎日同じお粥《かゆ》、同じおかず、同じ漬物《つけもの》です。中国は、まだ豊かではありませんでした。

宇宙科学を教えたのですが、はじめて聞くような顔をした学生ばかりで、コンピュータの使い方もよく知らない。教授のレベルも高いとは言えませんでした。

講義は1日5時間、英語で行ないましたが、半分は、教授が中国語で通訳するのにとられてしまう。ですから、実質2時間半です。その2時間半の内容について、前の晩に教授が私のところへ来て、私の用意した資料を見ながら、「これはこうですか、ああですか」と質問し、勉強するわけです。そして翌日の講義では、私が英語でしゃべり、それを教授が中国語に訳して話す。そういうレベルでした。科学技術の水準はかなり低く、「中国の大学はまだまだだな」という思いを強くしたのを覚えています。

ところが、一九九〇年代に入ると状況が変わります。日本はバブル経済が弾け、経済は長期の低迷へと向かいます。いっぽう、中国、韓国、シンガポールなどアジアの新興国は、急速に経済成長を遂げていきます。

ビジネスの世界にいる人はその変化に敏感でしたが、大学の人間はそうではなかった。いくらアジアの新興国が成長していると言っても、日本の経済はまだまだ強いし、ましてや大学の力はアジアでは圧倒的だと信じて疑わなかったのです。恥ずかしながら、私もそうでした。

しかし、私は数年前に中国各地の名門大学を訪れて愕然《がくぜん》としました。まず目を見張ったのは、かつてとは比べものにならないほどすばらしいキャンパスでした。寮は高級マンションみたいにピカピカで、学生の部屋は広く、食堂も明るく広々としており、学生たちは生き生きと輝いて見えました。一目《ひとめ》で国が莫大《ばくだい》な資金を注《そそ》いだことが見て取れました。

何より驚いたのは教授陣です。中国は、国家戦略的に若手の優秀な人材を米国へたくさん出してきました。米国の大学へ留学し、大学院まで出て、そのまま米国で研究生活を送り、ある程度実績を残し、名を上げたら、高給と教授の職を用意して呼び戻しています。学長や副学長に据《す》えるケースもあります。北京大学も清華大学も学長は〝洋行《ようこう》帰り〟です。

昔は中国人の英語は、お世辞《せじ》にもうまいとは言えませんでしたが、今では学会などできれいな英語を話す人が増えた。留学経験が豊富だからです。英語教育は、中国における近代化、西洋化の象徴で、大学の英語教育にもきわめて熱心です。たとえば、数年前に清華大学の先生にお会いしたところ、学部で120ものコースを英語で教えていると話していました。

なぜ、アジアの大学は伸びたのか

中国教育部のデータを見ると、大学進学率は一九八六年にはわずか約2%でしたが、二〇一〇年には約25%になり、大学進学者は約670万人に達しています。二〇二〇年には大学進学率が40%になり、毎年1000万人が大学に進むと予想しています。

すごい勢いで高等教育を成長させており、今や日本の10倍以上の膨大《ぼうだい》な数の学生たちが、2700以上の大学（私立大学を含む）で学んでいます。大学は序列化されており、予算もそれに応じて配分されます。均等には配らない。日本も均等ではありませんが、一研究者当たりで同額になるように努力してきました。中国は違います。優秀なところ、伸びそうなところに予算を厚く配分してきました。

そうした国策の下《もと》、清華大学などは工学関係に力を入れてきました。成果が出やすく、経済成長につながるからで、優秀な人材を欧米から招いて研究論文をどんどん出すようになった。今や工学関係では清華大学は日本を抜いています。北京大学も伸びています。南部の浙江《せっこう》大学や復旦《ふくたん》大学なども伸びている。中国の名門大学の研究レベルは、今では日本とほぼ互角《ごかく》で、上を行く分野も少なくありません。

香港の大学もすごい。一九九七年に中国に返還される前から欧米資本が入っていたので、いい大学とは思っていましたが、今では、特に国際化という点で東大や京大をはるかに超えています。設備が違うし、教員もほとんど米国帰りで、講義はすべて英語です。もともと英語が公用語ですから、環境的に英語圏の優秀な教員や留学生が来やすいのです。

たとえば、香港大学の場合、新入生の2割は香港以外で、1割が中国本土、1割が海外です。中国本土の志願者は1万数千人。香港大学を卒業して香港で3年働くと、香港の永久居住権が得られるため、人気が高い。これを、日本のセンター試験に相当する共通試験「香港中学文憑《ホンコンちゅうがくもんひょう》」とグループディスカッションなどで300人ほどに絞り込む。この優秀な学生たちが、香港大学の質を上げたと言われています。

台湾の大学も伸びています。以前台湾を訪れた時、馬英九《ばえいきゅう》総統にお目にかかったのですが、大学改革についてこうおっしゃっていました。

「私はこれから毎年25%ずつ大学予算を増やします」

思わず、「年25%ですか⁉」と聞き返してしまいました。

くわしくは後で述べますが、日本の教育への公的支出は、OECD加盟国のなかでもっとも低い水準にあり、国の大学予算もこの10年ほどほとんど伸びていません。二〇〇〇年を1とした場合の二〇〇九年の大学への公的支出の伸びは、OECD加盟国平均で1・38倍、韓国などは1・83倍を記録していますが、日本はわずか1・05倍です（図表6）。

年25%ずつ大学予算を増やすというのが、どれほどすごいことかおわかりいただけると思います。それだけ国を挙げて大学に力を入れているし、成果も現われています。

中国と同様に「台湾の大学なんて」と思っていましたが、今では台湾大学をはじめ、国立《こくりつ》清華《せいか》大学や国立成功《せいこう》大学など、いい大学が増えています。すこし前までは講義の依頼がありましたが、今では日本の優秀な研究者を厚遇で引き抜いて教授に据えています。

図表6　高等教育機関への公的支出

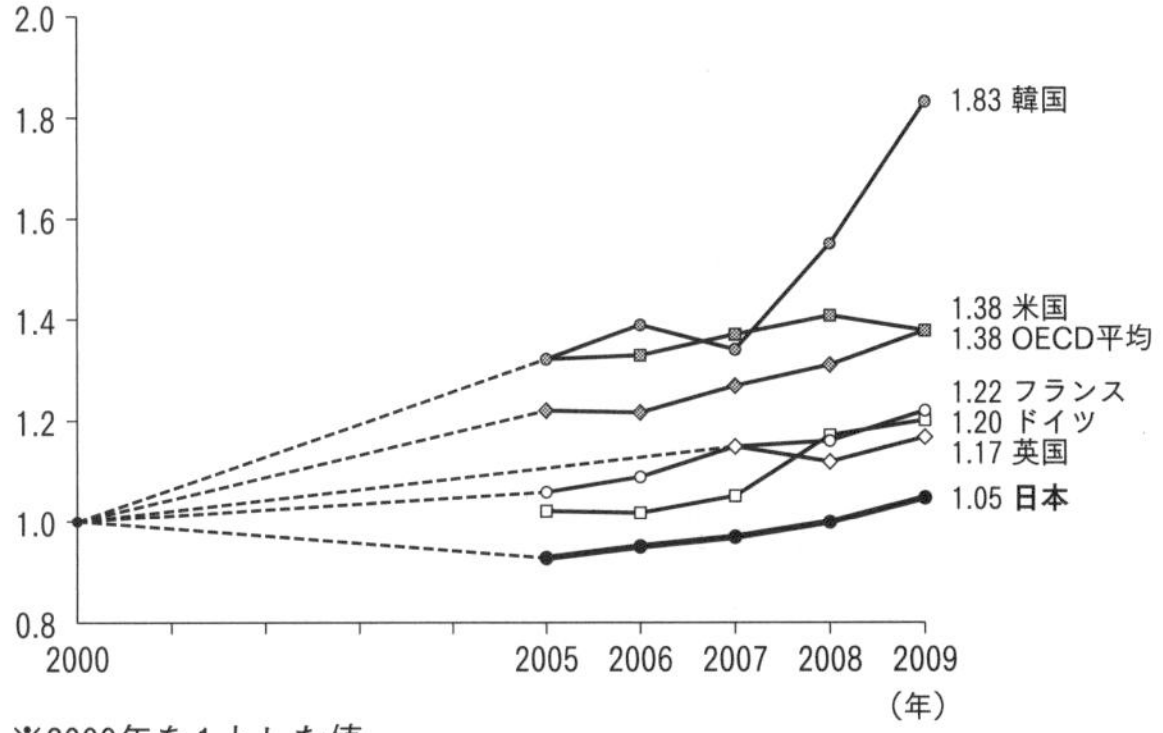

※2000年を１とした値

（OECD「図表でみる教育」より）

シンガポールの大学も成長著《いちじる》しいものがあります。シンガポールは、人口５００万人で国土が狭く、天然資源もない。

リー・クアンユー元首相は、マレーシアから独立したこの小国の生きる道は、徹底した国際化であり、それには海外から優秀な人材を集めるしかないと考え、英語を公用語に据え、大学の授業も最初から英語で設計していました。

あらゆる分野で世界からすぐれた人材を集めることに熱心で、大学においても日本だけでなく世界中から最優秀と言われる人材をヘッドハントしています。「スタッフも全員まとめて面倒を見る。給料ももっと出す」と言って、研究室ごと引き抜くケースもあります。京大でも再生医科学研究所の先生が研究室ごと全部移っていかれました。海外からの留学生も多く、シンガポール国立大学の場合、入学者の15％がそうです。

こうしたアジアの新興勢力の台頭から読み取れるのは、大学教育を経済政策の重要課題と位置づけ、国を挙げて予算を投じ、海外から優秀な教員や学生を集めるなど大学の教育の質を高め、国際化（＝大学の国際競争力の強化）に邁進《まいしん》している姿です。

そして、それがそのまま大学ランキングにも反映されているのです。

日本の大学が評価されない理由

日本の大学は、研究に関心のある世界の専門家たちの評価を見ると、けっして低くはありません。たとえば、ＱＳの場合、総合評価で見ると東大は32位、京大は35位ですが、世界調査による学術的な評判（各国研究者間の相互評価）だけで見ると東大は7位、京大は17位です。

世界の研究者の間の評価は世界のトップ10、トップ20に入っているのに、総合評価では

30位台にランクを落としてしまう。なぜかというと、日本の大学は、ランキングの算出で大きな比重を占める論文の引用数や外国人教員・受け入れ留学生の比率など「国際性」に関する指標でポイントが稼げず、ここで大きく評価を落としているからです。

たとえば、世界の有力大学の場合、外国人教員、受け入れ留学生共に全教員、全学生の20％を超えますが、日本の大学は外国人教員で約5％、受け入れ留学生で約3％にとどまります（文部科学省「大学の国際化について」二〇〇九年）。

その点、アジアの新興勢力はここでポイントを稼いでいる。それらの指標を良くするために、国を挙げて集中的に予算を投じ、戦略的にランキングを上げているのです。その結果、たとえば、THEの国際性の指標である「International outlook」を見ると、北京大学60・6、香港科技大学77、香港大学80・3、南洋理工大学91、シンガポール国立大学94・3という非常に高いスコアを叩き出しています。日本は東大が29・6、京大は27・5で、足元にも及びません。

彼我《ひが》の差は歴然で、それを目《ま》の当たりにして泡《あわ》を食っているのが日本の大学の現状です。外国人教員も留学生も少ないし、海外留学する学生も減っている。英語での論文発表など国際的な発信力にも欠けます。その差はそのままランキングに現われています。

たとえば、THEのランキングで人文科学の分野を見ると、50位までに日本の大学はひとつも入っていません。アジアの大学はどうかと言えば、香港大学とシンガポール国立大学が入っています。海外から招いた優秀な外国人教員が、英語で授業を行ない、英語で論文を書くからです。日本の人文系の先生方は「日本の文学や哲学をなぜ英語で行なうのか、日本語でいい」という考え方が強く、なかなか英語の論文を書きたがらない。

ランキングの重要な算出指標である論文の引用数は、THEがトムソン・ロイター社の「ウェブ・オブ・サイエンス」、QSがエルゼビア社の「スコーパス」という論文データベースを使用していますが、そこに収録されている学術誌は英国や米国などで出版されている評価の高い英文国際誌です。日本語の論文は、そこには載りません。

英語圏の研究者が有利なのは明らかで、相互引用もされやすい。このため、大学ランキングは欧米に有利な評価法になっているとかねてより批判も多いわけです。

ほかにも、①指標を良くするための設備投資や有名教授を呼ぶための人件費などが授業料の高騰を招いている、②授業料の高騰で学生が多額のローン負担を強いられている、③

指標のスコアの水増しなどを行なっている大学がある、などさまざまな問題が指摘されています。ランキング会社に賄賂《わいろ》を贈る大学があるとの噂《うわさ》も絶えません。

その意味では、ランキングが大学の本当の実力を表わしているかと言えば、疑わしい面もある。しかし、だからと言ってランキングを無視するわけにもいかない。そうした問題も含めて存在を認め、日本の大学として何ができるか考えるべきです。

いくら日本語で論文を書いても、論文データベースに載らなければ引用されません。これでは、論文引用数でポイントを稼げないわけです。しかし、「引用数がない＝引用されるような論文がない」わけではありません。内容はすぐれていても、英語で書いてないから引用されないだけなのです。

現在、中国の人文系は、日本と同程度のレベルか、すこし低いかもしれませんが、最近は「最低でもアブストラクト（論文要旨）は英語で書け」と国が指導しています。そうすれば、「ウェブ・オブ・サイエンス」に載るからです。そういう努力を国が主導している。日本は、そのような形で国が関与することはありません。このままいけば、英語での発信力は、早晩、中国に大きく差をつけられるでしょう。

アジアの新興勢力の国を挙げたランキング戦略を象徴するのは、工学分野です。成果が出やすく、国の発展に直接つながるからです。

投資の効果はＴＨＥの工学分野のランキングを見れば一目瞭然で、50位以内に入っている日本の大学は東大と京大の２校ですが、アジアの新興勢力からはシンガポール国立大学、香港科技大学、清華大学、ＫＡＩＳＴ、ソウル大学校、南洋理工大学、浦項工科大学校、香港大学、北京大学と９校もランクインしています。

特に中国、韓国の大学の躍進は目覚ましいものがあります。それは両国の経済成長と重なります。外国人教員や留学生、英語の講義や論文発表など国際化のための投資の成果です。韓国の主要大学では、すでに約３割の授業が英語で行なわれています。

日本は長い間、「アジアの大学に負けるはずがない」と思っていました。しかし失われた20年の間に（豊かボケの日本が「まだ大丈夫」と高《たか》を括《くく》り、手をこまねいているうちに）アジアの新興勢力は、世界と戦うために莫大な投資を行なっていました。だから、日本はランクを落とし、アジアの新興勢力は順位を上げたのです。

勉強しない日本の学生、猛烈に勉強する留学生

日本の大学はなぜ凋落したのか——。大学ランキングを元にアジアの新興勢力の台頭の背景を探りながら、その理由を考えてきたわけですが、ここから先は欧米の大学との比較なども交《まじ》え、さらにその理由を掘り下げてみたいと思います。

先日、ある企業の採用担当の方から、こんな話を聞きました。

「最近、日本に来ている留学生や海外の大学生の採用を増やしている。彼らは、すでにある知識を組みあわせて新しいものを生み出したり、情報と知識を総動員して状況を判断したり、問題を分析して解決策を考えたりする力に秀《ひい》でている。その点、日本の学生はどうしても見劣りする。ただし、能力がないわけではない。それが発揮できないのは、海外の人材のように学生時代に鍛えられていないからだ。日本の学生は本当に勉強しない。人材が国際的に流動化するなか、その差が露《あら》わになっている」

日本の学生が見劣りするのは、第一章でも述べたように、大学全入時代の到来で手軽な入試（AO入試、推薦入試）が広がったのと、受験科目しか勉強しない受験対応型学習が一般化したことで、高校レベルの基礎学力のない大学生が増えたからです。その結果、学

びの意欲に欠ける学生や受験で疲弊しきった学生が増えた。これに、ところてん式に卒業させる大学のありようや教養教育の衰退、就職活動の早期化、大学の成績を重視しない採用基準などが拍車をかけている。それが現実です。

学力低下は深刻で、それは勉強時間に端的《たんてき》に現われています。学校の授業と宿題以外にどれくらい勉強するか、日本と米国、中国、韓国の4カ国の高校生について調べた国際調査のデータがあります（日本青少年研究所「高校生の勉強に関する調査」二〇一〇年）。

これによると、日本の高校生の約34％は授業と宿題以外の勉強をまったくしていない。ゼロです。米国は約23％、韓国は約17％、中国は約7％ですから、日本は際立《きわだ》って高い。圧倒的に勉強しているのは中国、韓国です。1時間以上勉強している割合は、中国約59％、韓国約60％に対し、日本は約35％にすぎません。

中国の武漢大学で講義をした話を先述しましたが、その時、強烈に印象に残ったことがあります。それは学生たちのすさまじい学習意欲です。当時はまだ外国人の講義はめずらしかったのでしょう、私の講義を聴《き》きに中国全土から学生がやって来ました。レベルはまだまだでしたが、非常に熱心で、みんな食い入るように聴いていました。

1カ月後、武漢大学の講義を終え、帰国する際、ひと晩だけ北京に立ち寄り、北京大学の知人を訪ねました。北京大学に着いたのはもう夜で、知人とつかのま旧交を温《あたた》めました。翌日、朝早く目が覚めたのでキャンパスをすこし散歩してみました。まだ薄暗い5時頃で、晩秋の冷気に身をすくめながら歩いていると、どこからか人の声が聞こえてきます。間遠《まどお》に置かれた灯《あか》りを頼りに声のするほうへ歩《ほ》を進め、大きな建物の角を曲がった時でした。目の前の光景に寒さを忘れるほどの衝撃を受けました。

数十人の学生が白い息を吐《は》きながら、英語の音読をしていたのです。何をしているのかと聞いたら「図書館が開くのを待っている」と言います。彼らは、席を確保するために夜も明けない寒いうちから並び、寸暇《すんか》を惜しんで英語の勉強をしていたのです。

中国の若者は30年以上前からそうで、向学心がきわめて高い。中国の人口は日本の10倍以上ですから、すぐれた人材も10倍以上いると見るべきです。そのすぐれた人材は頭がいいだけでなく、猛烈に勉強する。韓国の学生も同様です。

その点、日本の学生の学習意欲は明らかに劣ります。勉強しない学生が多い。なかでもAO入試、推薦入試の手軽な入試組はその傾向が顕著です。

ベネッセ教育研究開発センターの調査（「大学生が振り返る大学受験調査」二〇一二年）によれば、高校三年の四月、九月時点で1日当たり1時間未満しか勉強しない生徒の割合は、一般入試の入学者では、それぞれ約40％、約16％なのに対し、AO入試や推薦入試の入学者では、約56％、約45％と格段に増えます。高三の夏休みが終わり、受験生であれば、お尻に火がつく九月になっても半分近くの生徒は1日1時間も勉強していないのです。偏差値が低くなるほど1時間未満の割合は高くなり、偏差値49以下だと、高三の四月で約75％、九月で約65％に達します。

勉強しなくても大学に入れる学力不問の手軽な入試のしくみが、勉強しない高校生を大量に生み出していることがよくわかります。

では、大学生はどうでしょう。1日の学習量は、欧米では8時間程度とされ、日本の大学設置基準も同程度を想定しています。しかし、実際の学習量は1日4・6時間とその半分程度にすぎません（東京大学　大学経営・政策研究センター「全国大学生調査」二〇〇七年）。

日本の大学生がいかに勉強しないかは、米国の大学生との比較で見ると、いっそう明ら

図表7　授業に関連する学修時間（1週間当たり）

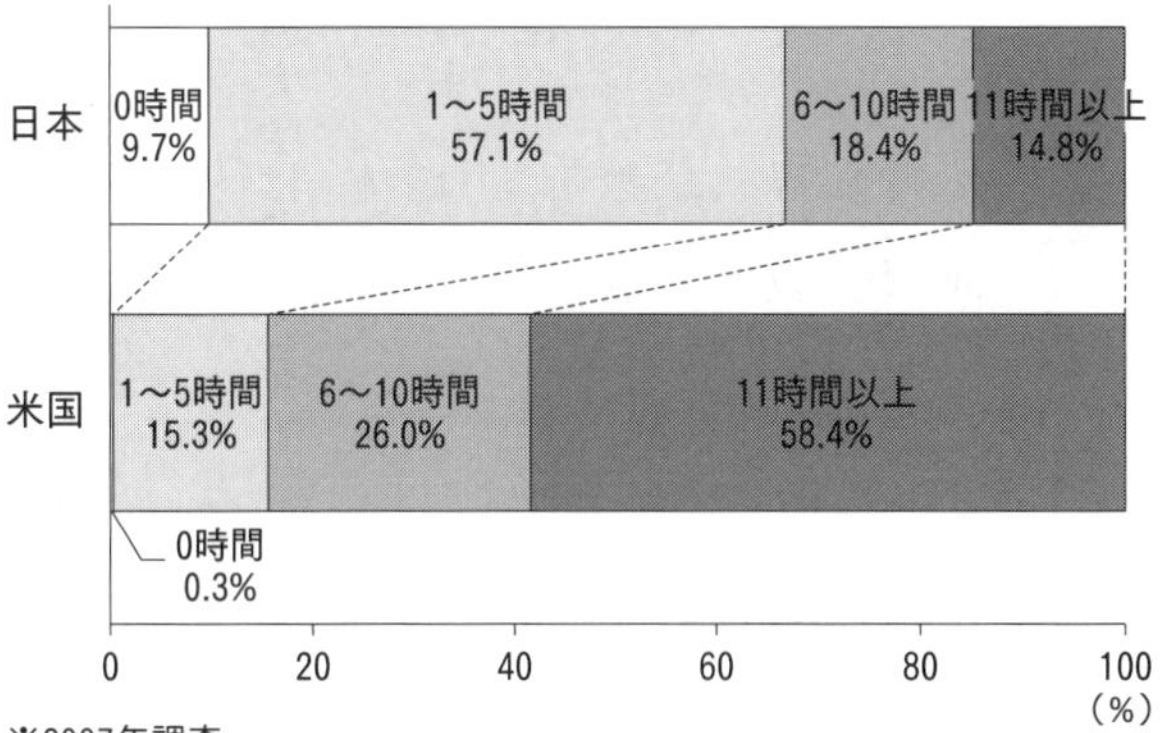

※2007年調査

（東京大学 大学経営・政策研究センター「全国大学生調査」より）

かです。

図表7は、日米の大学一年生の1週間当たりの「授業に関連する学修時間（授業以外の勉強時間）」を調べたもので、週11時間以上勉強する学生は、米国の約58％に対し、日本は約15％にすぎません。逆に、0時間では米国の0・3％に対し、日本は9・7％。10人に1人は、授業以外にはまったく勉強していないことがわかります。日本の学生は、かくも勉強しない。まさに、学生の劣化ここに極まれり、です。

しかし、学生だけが悪いわけではありません。第一章で見たように教育のしくみそのものが学生から学びの意欲を奪っているのです。その点、海外、とりわけ欧米の大学は違います。教育のしくみ自体が、学生がしっかり学ぶような設計になっているのです。

英国の大学は、どこがすごいのか

では、日本と欧米の大学は、そもそも何が違うのでしょうか。まず、英国の高等教育を見てみましょう。

英国では、高校までに幅広い基礎的な知識や教養を徹底的に学ばせます。内容的には日本の大学の教養教育のレベルに近い。そして、大学ではそれらを身につけていることを前提に、すぐに専門教育を教えます。

つまり、専門教育の土台の部分は高校できちんと教えて、大学では日本の大学院で学ぶような専門的な教育を行ない、専門家を作るのです。大学は研究するところである、という意識が強く、研究に重きを置いている。これが英国流、欧州流の考え方です。

もうすこしくわしく述べると、英国では16歳の義務教育修了時に、その後の進学や就職の選考基準になるＧＣＳＥ（General Certificate of Secondary Education）という統一試験があります。大学進学希望者は、一般的に8〜9科目を受験し、その後、シックスフォーム（sixth form）と呼ばれる課程で、2年間の高等教育を受けます。大学入学のための共通試験であるGCE A／ASレベル（General Certificate of Education Advanced /Advanced Subsidiary Level）の準備をするためのもので、3〜5科目を専門的に勉強します。

義務教育最終年からシックスフォームの3年間が、日本の高校生の年齢に当たりますが、シックスフォームの学習レベルは、日本の大学の一般教養に近いレベルで非常に高い。ここで専門教育の土台をきちんと作るわけです。

共通試験はAレベルとASレベルのふたつがあり、シックスフォームの1年目にASレベル5科目程度を受験し、2年目にそこから3科目程度に絞り込んでAレベルを受験するのが一般的です。大学への出願は、UCASという組織が統一的な窓口となっていて、そこに第5希望まで出願することができます。合否の判定は、一部の大学・コースを除いて共通試験の成績で決まります。

このように、英国では高校段階で教養をみっちり学び、大学へは、より専門的な研究がしたくて進みます。学びの意欲はきわめて高く、いい大学でハイレベルの研究をするために、高校時代から必死で勉強します。オックスフォード大学にしろ、ケンブリッジ大学にしろ、入学者のフィルターは高校時代にしっかりかかっているのです。

米国の大学は、どこがすごいのか

次に、米国の高等教育について。米国の学生は、高校ではあまり勉強しません。多くはスポーツや音楽など、青春を謳歌《おうか》します。さきほどの日米中韓の4カ国調査を見ても、2時間以上勉強する高校生は日本より少ない。高校卒業時に日米の学力を比べたら、日本の高校生のほうがいいはずです。

米国の大学は、大学進学適性試験のSAT（Scholastic Assessment Test）やACT（American College Test）のスコアと高校での成績、エッセイ、推薦状、ボランティアなどの課外活動、面接などで合否が決まります。

試験回数は、SATが年7回（十、十一、十二、一、三、五、六月）、ACTが年6回（九、十、十二、二、四、六月）。試験科目は、SATがCritical Reading（語彙《ごい》力および文の構造の理解）、Writing（文章構成力およびエッセイを組み立てる技量）、Mathematics（数学および数学的思考力）の3科目、ＡＣＴがEnglish（英語）、Mathematics（数学）、Reading（読解力）、Science（科学）の4科目とWriting（語学）がオプションです。第一章で述べたセンター試験に代わる「達成度テスト」は、こうした米国の入試制度をイメージしているようです。

よく言われることですが、米国の大学は、難関の名門大学などを除けば、入るのはそう難しくはありません。だから、あまり勉強しない。

ところが、大学卒業時には、日米の学生レベルは完全に逆転されてしまいます。米国の学生は、高校時代は青春をエンジョイしていますが、大学に入ると猛烈に勉強するからです。米国の大学は、基礎的な知識を学び直し、さらに、その上に幅広い教養をきちんと身につける場所です。このため、米国の大学の教科書は分厚《ぶあつ》くて、高校一年生くらいのレベルのことから全部書いてあります。それをしっかり勉強する。

たとえば数学では、最初は二次方程式の解《かい》から始まります。はじめて目にすると、「こんなん大学でやるんか？」とびっくりしますが、最後までページを繰《く》ると、きちんと偏微《へんび》分《ぶん》方程式の解までいく。段階を追って、きちんと教えていくのです。

このようにして、基礎的な力を大学の学部で徹底的につけさせる。全米に130校ほどあるリベラル・アーツ・カレッジはその最《さい》たるもので、歴史や哲学はもとより数学や科学など人文科学から自然科学まで幅広い教養教育を行ないます。全寮制の少人数教育で、毎日まじめに議論し、人生を学び、己《おのれ》の基礎を固める。その上で、他の大学院やビジネススクール（経営大学院）、ロースクール（法科大学院）などに入る。あるいは、研究者になるためのコースに進む。

学部ではきちんと教養を学び、「専門的なことは大学院でやりなさい」というのが米国の高等教育のシステムなのです。だから、学部生に聞いても、「物理を専攻しています」「化学を専攻しています」などと専門だけを言う学生は少なく、美術も学べば、体操やフットボールもする。米国で大学スポーツが盛《さか》んなのは、学部の位置づけにもよるのです。

しかも、日本と違い、大学は、学生が4年間の学習を通じて何をどれだけ学び、身につけたかをきちんと評価します。成績が悪ければ留年や退学になるし、企業も大学での成績を採用選考のモノサシにしています。だから学生たちは、成績評価値のGPA（Grade Point Average）を上げるために必死に勉強します。日本の企業の採用試験では、エントリーシートに大学の成績を記載する欄さえないのとは大違いです。

米国では、大学間での学生の移動が可能ですから、高いGPAを取得すれば、もっとランクの上の大学へ移ることができます。逆に、授業についていけないようなら、自分の実力に応じた大学でもっと気楽に学ぶことも可能です。

米国の大学は、入るのはそれほど難しくありませんが、出るのが大変ですから、たとえばカリフォルニア大学バークレー校（UCB）などは、入学者の4分の1くらいしか卒業できない。しかし、受け皿があるので、日本のように落ちこぼれの烙印《らくいん》を押されることはありません。努力次第で敗者復活もできます。自由な大学間移動は、向上心を刺激するだけでなく、ドロップアウトしてしまわないためのしくみでもあるわけです。

また、学生の多くは、奨学金や連邦政府の貸与ローンなどを利用して学費を賄《まかな》っており、将来、働いて返済しなければなりません。ですから、「元を取らなければ」という意識も強く働きます。米国の大学授業料は、この10年ほどでかなり高騰しました。州立大は年1～2万ドルですが、私大では3～4万ドルもする。これに生活費が年1万ドルくらいかかります。それは、自分の将来への投資です。これだけのお金をかけて、卒業できなかったり、ろくな就職ができなかったりすれば、目も当てられません。それこそ借金だって返せない。だから必死に勉強するのです。

これは、他の海外の大学でも基本的に同じで、学生の学びの意識を高めるようなしかけ（設計）がきちんとなされています。翻《ひるがえ》って日本の場合は、学費は親がかりで、学業成績も問われない。学びに対する意識がまるで違うのも無理はないのです。

日本では、修士、博士に価値がない⁉

日本の大学は、高校でしっかり教養を身につけ、大学では専門教育を行なう英国とも違うし、高校ではあまり勉強しないが、大学に入ったらきちんと教養を学び、大学院で専門教育を行なう米国とも違います。その中間で、とても中途半端です。

このような日本の大学ですが、一九九〇年代に入ると、これからは専門的な知識を身につけた人材が求められるとして、大学院重点化政策が行なわれ、大学院の定員を大幅に増やしました。その結果、一九九一年に10万人だった修士・博士の大学院生数は、二〇一一年には約26万人に激増しました（文部科学省「学校基本調査」二〇一一年）。

何が起きたかと言えば、従来なら大学院に進学しなかった（できなかった）学生増による修士・博士の質の低下と大量の高学歴ワーキングプアの出現です。大学がある程度、質には目をつぶって学生を受け入れたのと、国の期待に反して企業や大学のポストが増えなかったのが大きな理由です。

大学院の博士課程を出て、正規雇用の職を得られるのは約5割で、残りは不安定雇用です。大学教員になろうにもポストの空《あ》きがない。いきおいポスドク（ポストドクター＝任期つきの博士研究員）や非常勤講師が増える。生活のためにアルバイトをする者も多い。

では、企業への就職はと言えば、そもそも企業は博士号にあまり価値を認めていない。依然として、新卒一括採用で、年功序列とゼネラリスト志向が根強く残る日本の企業風土に、博士課程修了者の年齢や専門に特化しすぎた〝頭でっかち〟なところは、「視野が狭く即戦力に欠け、年ばかり食って扱いづらい」と敬遠されがちなのです。

博士号取得者は、専門性にすぐれるだけではなく、研究能力も担保されていると考え、高く評価する欧米とはまるで違います。

就職に有利にならなければ、あえて大学院まで行って勉強しようという気にはなりません。ましてや学部を日本で終えたら、大学院は海外へ、などと思うはずがない。

日本の大学院への進学率は1割程度で、これは戦後まもない頃の学部進学率とほぼ同じです。京都大学では、大学院進学率が約6割ですが、これは大学院を充実させた研究型大学の特徴で、普通はこんなに多くはありません。

文系の大学院進学率は就職難から、理系に比べて極端に低い。理学44・7%、工学38・3%、農学27・3%に対し、人文は5・9%、社会科学は3・8%にすぎません（文部科学省「学校基本調査」二〇一一年）。その結果、人口1000人当たりの大学院学生数は韓国6人、フランス8人、英国9人、米国9人に対し、日本はわずか2人です（文部科学省「教育指標の国際比較」二〇一三年）。

だから、修士、博士の学位取得者の数も、日本は欧米に比べて圧倒的に少ない。人口100万人当たりの修士号と博士号の取得者数（二〇〇八年）は、英国の修士3116人、博士285人に対し、日本は修士586人、博士131人にすぎません。企業の研究者に占める博士号取得者の割合（二〇〇九年）も、アイルランドの18%に対し、日本は4%です（図表8）。

図表8　修士号・博士号取得者の国際比較

人口100万人当たりの修士号取得者数（2008年）

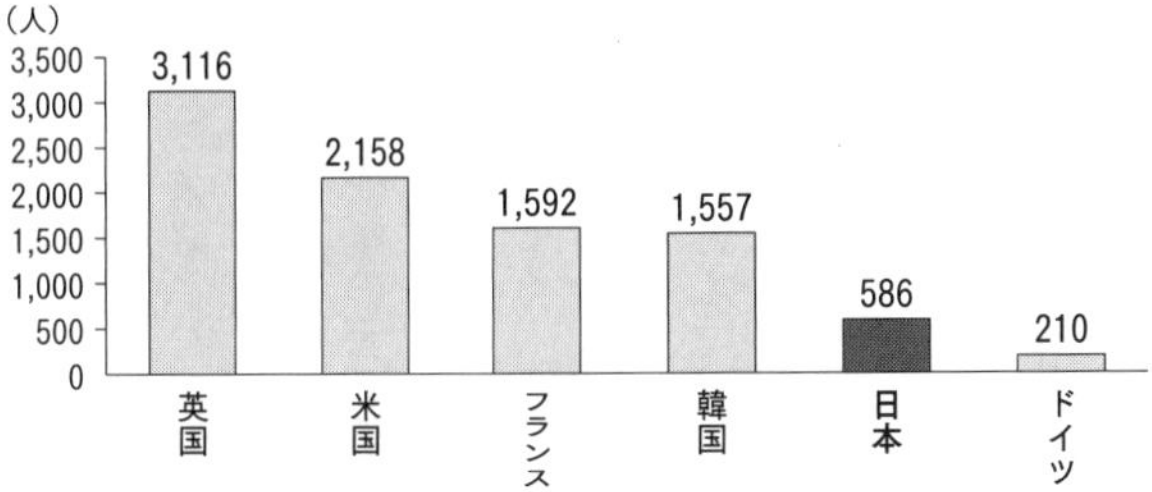

人口100万人当たりの博士号取得者数（2008年）

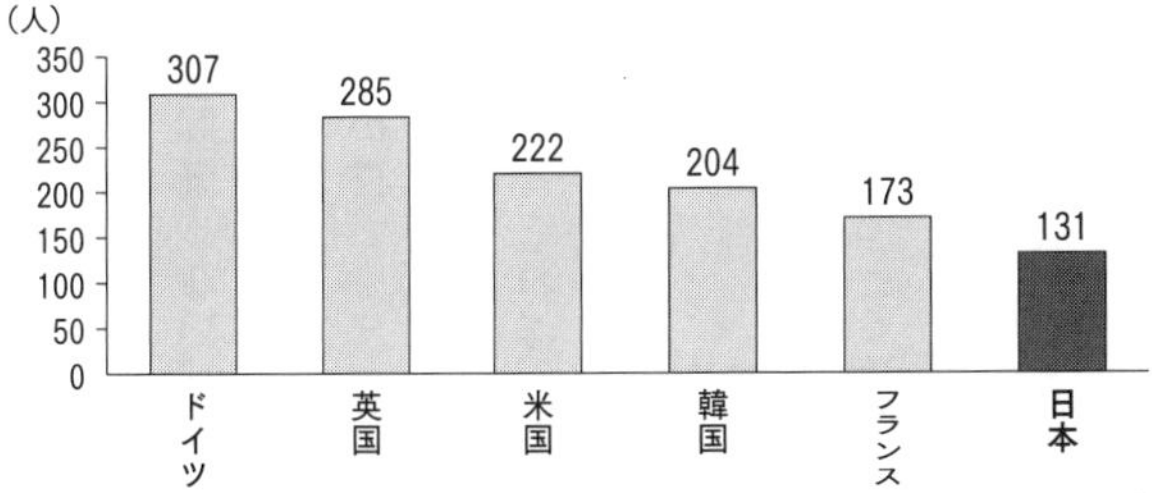

（いずれも、文部科学省「教育指標の国際比較」より）

企業の研究者に占める博士号取得者の割合（2009年）

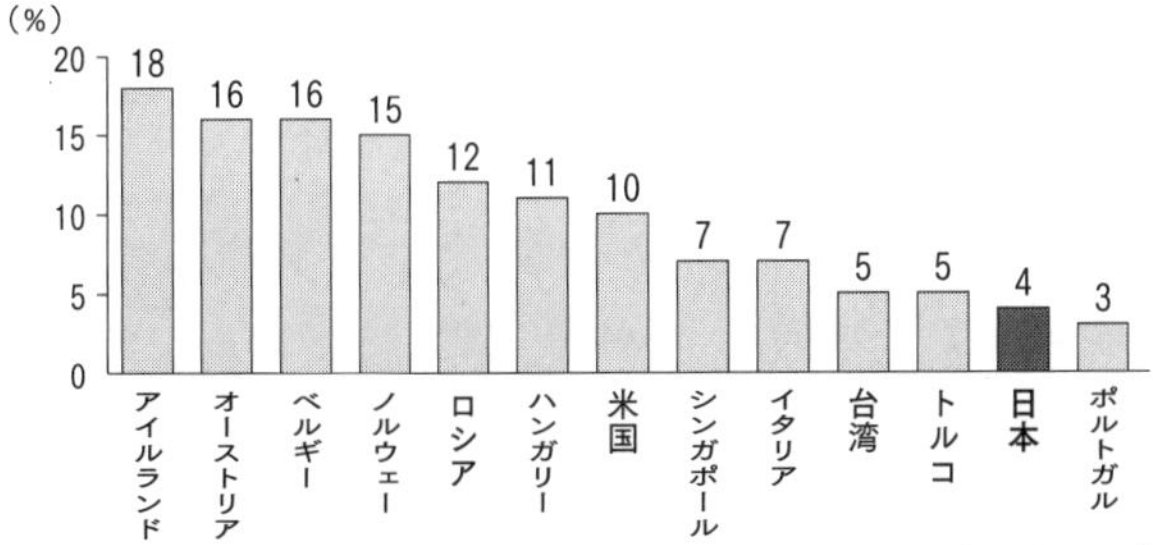

（文部科学省「人材力強化のための教育戦略」より）

責任あるポジションの学歴のスタンダードは、今や博士や修士というのが世界の常識であることを考えれば、明らかに日本は低学歴社会です。その背景には、苦労して手にした博士や修士のプレミアムをきちんと評価しない社会的状況があるのです。

日本では、他大学の大学院に行けない⁉

京大生は京大の大学院、東大生は東大の大学院にしか行かない。もっと他大学の大学院へ行くべきだ。よく、そう言われます。これは、優秀な学生の〝囲い込み〟批判ですが、日本では大学のシステムがそうなってしまっているのです。どういうことか、米国の大学との比較でお話しします。

前述のように、米国の大学は、学部で幅広い教養を身につけさせ、専門的な研究は大学院で行ないます。大学名は同じでも、学部と大学院は異なる。別ものなのです。学生は、学部で教養を学ぶなかで研究テーマを見つけ、それを専門的に研究するにはどこの大学院がふさわしいか、どんな先生がいるかを含めてきちんと調べます。その結果、自分の大学の大学院を希望する学生もいれば、他大学の大学院を希望する学生もいる。スタンフォード大学でもＭＩＴでも、成績が良ければ受け入れてもらえるし、奨学金ももらえます。

つまり、米国の大学は「学部＋大学院」の二階建てではなく、学部は学部、大学院は大学院で独立しているのです。学部の学生は、さまざまな大学の大学院に行けるし、むしろ行くのが当たり前になっている。それが、米国の大学です。

ところが、日本の大学では、教養教育もそこそこに学部から専門教育を教えます。多くの大学では、四年次になると研究室に所属し、その延長線上に大学院が置かれている。学部と大学院は二階建ての連結構造になっているのです。

このため、他大学の大学院に進んだ場合は、指導教員も替わるし、分野は同じでも研究テーマを変えざるを得ないことも多い。学部時代からの研究テーマをそのまま継続できる内部進学の学生に比べて、明らかに不利です。だから、学部で学んだ研究テーマをもっと専門的に学ぼうと思ったら、どうしても同じ大学の大学院に進むことになる。他大学の大学院へ行けと言っても、普通は行きません。

大学院重点化は、言ってみれば、米国の大学院のようにしようという動きでもあったわけですが、結局うまくいきませんでした。みんなが反対して、潰れたのです。

このように日本の大学では、多くの場合、大学院生は学部からの内部進学です。大学院は学部の専門教育につながっており、一、二年生からすでに大学院まで見通しているわけです。米国の大学とは根本的にしくみが違います。

「学部から大学院の博士課程まで、ずっと煙突《えんとつ》のように上っていくのは弊害が多いから、少なくとも日本のトップの大学では3分の2は他大学から入れる。学部をそのまま大学院につなげてはいけない」――十数年前、中央教育審議会の答申で、このような提言がなされました。まったくその通りですが、既存の大学を一挙に変えるには10年かけても難しいと思います。

実は、優秀な学生の囲い込みは、同じ大学のなかでも起こっています。たとえば、京都大学には学部が10、大学院は18あります。学部のない大学院が8あるわけです。学部の枠にとらわれず、専門的な研究をしてほしいのですが、なかなか学部のない大学院には行きたがらない。理由は大きくふたつあります。

ひとつは、学部で学んでいない新しい分野への不安感です。たとえば、工学部にいれば、工学のことはだいたいわかるので、安心感があります。でも生命科学に行ったら何をやるかわからない。不安になります。だから、よほどでないと行かないのです。

もうひとつは、まさに「うちの優秀な学生を取られてなるものか」という学部の囲い込みです。学部の研究室にいた学生が「あの研究科のあの先生のところへ行って研究したい」などと言えば、「あんなん行ったってしゃあない。やめておけ」となります。

そこで、京都大学の場合、学部を持たない大学院や研究所では、他大学から多くの院生を採用しています。学部が囲い込んでしまうので、他大学から補充するしかないのです。

囲い込みと言えば、実はこんな経験をしています。私は、工学部電子工学科出身ですが、学部生の時にある研究室に入りました。当時の最先端、電子計算機を勉強できるというので、電子の学友35人のうち30人が希望し、約10人が入りました。とても人気があったのです。大いに憧《あこが》れて入ったのですが、行なっていたのは数学やソフトウエアの研究でした。がっかりして、大学院では別の研究室に移りました。ほかのみんなもそうしました。結局、その研究室に残ったのは1人だけでした。その時、先生は「最近の学生は、付《ふ》和雷同《わらいどう》でけしからん！」と、えらい剣幕《けんまく》で怒りを露《あら》わにされました。よそに取られたのがおもしろくないわけです。

この構造は、今も変わっていません。「俺のところの学生は、俺のところにいるのが当たり前だ」と先生方は思っています。彼らにしてみれば、自分のところで研究を続ける〝俺のファミリー〟という意識なのです。ましてや、他大学へ行くとなったら、「お前、裏切るのか！」となるわけです。

こうした二階建てのファミリー方式の研究スタイルは、チームとして連続性のある研究ができる利点がありますが、いっぽうで教授を頂点としたヒエラルキーが強固になるため、個々の自由な発想で研究をするのは難しく、内向きで硬直化しやすい。

先達《せんだつ》の後継者という卵を産むシステムに埋め込まれるため、恩師やそのまた恩師の研究をそのまま延々と続けることになりやすい。よほど特殊な能力がない限り、違うことができません。悩ましいところです。大学院の問題は第四章で改めて述べます。

変化に対応できなかった、日本の大学

明治時代に始まる日本の大学は、欧米の大学の模倣《もほう》から始まっています。「追いつき追い越せ」で、欧米の大学を目標にしたわけです。

ただし、丸ごとコピーしたわけではありません。日本は後発の国民国家で、富国強兵《ふこくきょうへい》が国是《こくぜ》でしたから、その礎《いしずえ》を築くための人材育成が急務でした。欧米の大学を模《も》してはいても、そうした国家の要請が色濃く反映していました。このように、一八七七年に創設された東大の前身である帝国大学は、政治、行政、経済の分野で指導者となる人材の養成機関でした。

しかし、その後、政治家や知識人が欧米に行き、研究や開発を主とする大学があることに気づきます。世界初の近代大学であるベルリン大学の基本構想を作ったヴィルヘルム・フォン・フンボルトの研究中心主義が大きく花開いた時代でした。

そして、「リーダーだけでは国は動かない。研究や開発によって、新しいことを生み出す大学が必要」となり、研究を重点的に行なう教育機関として設立されたのが京都帝国大学、現在の京都大学です。東大に遅れること20年、一八九七年のことです。

次男坊ですから、長男に比べれば、いい意味で自由闊達《じゆうかったつ》、在野《ざいや》の精神にも富《と》む。この伝統は今に続き、共に国を背負って立つ人材育成に邁進してきたわけです。その意味では東大や京大など旧帝大は、国民国家大学でした。そして、それは成功しました。途中、戦争という惨禍《さんか》を経験しますが、戦後は経済発展を国是とし、何とか先進国の仲間入りをはたすと、ついには世界第2位の経済大国と呼ばれるまでになったわけです。

しかし、二十世紀の終わり頃から、世界経済が急速にグローバル化すると、人もモノもカネも情報もボーダーレスで動くようになり、国民国家そのものが変質し、退潮するようになりました。すると、明治以来、日本の成長を支えてきた大学の人材育成システムが通用しなくなってしまった。拠《よ》って立つ国家や市場の変質に、対応不全を起こしたのです。

そんな日本を尻目に、経済のグローバル化を主導した欧米諸国は、国家や市場のドラスティックなパラダイム転換にいち早く対応し、グローバル時代の人材育成に国を挙げて取り組んできました。そして、その核になったのが大学改革でした。

次に、グローバル時代の人材育成をリードする米国と英国の大学改革について見てみましょう。

人材の〝傭兵依存《ようへいいぞん》〟に陥《おちい》った米国

若い頃、カリフォルニアにあるＮＡＳＡ（米国航空宇宙局）のエイムズ研究センターに留学したことがあります。一九七〇年代半《なか》ば、まだ32、33歳の頃で、当時の私の月給は2万円ほどでした。ちなみに、大学の教員は裁量労働で自由度はありますが、残業代はつきません。

なぜ、こんな話をするかというと、実はNASAで最初に聞かれたのが、給料のことだったからです。とにかく、いきなり聞かれたのです。「給与は、いくらもらっているのですか」と。それが挨拶《あいさつ》代わりでした。日本ではあり得ない失礼な質問に仰天《ぎょうてん》しました。

それにしても、初対面の人間になぜそんなことを聞いたのでしょうか。それは、この人間はいくらの価値があるか、値踏《ねぶ》みするためです。収入で人を見るわけです。米国は多民族国家で価値観も多様です。そこで、収入が人を評価する共通のモノサシになったのだと思います。

しかも、米国はがんばれば報われる社会ですから、給料が低い人は努力していないと見なされやすい。そういう文化に生きている人に「給料はいくらか」と聞かれ、「何や、失礼な人やな」と思いながらも、根がまじめですから「2万円」と正直に答えたわけです。すると、相手は何と言ったと思いますか。

「それは日給か?」です。

日本の京都大学からわざわざNASAに来るのだから、新進気鋭《しんしんきえい》のすごい研究者と思ったのでしょう。米国の感覚では、まさか月給とは思わない。「いやいや、違います」と言ったら、今度は「週給か?」です。「月給です」と言ったら、とたんに上から目線になった。私は、「何や、この国は」と思いました。

このように、人の価値を収入で見る文化ですから、がんばる人は猛烈にがんばってお金持ちになります。カリフォルニアは気候もいいし、スタンフォード大学、カリフォルニア工科大学(Caltech)、カリフォルニア大学ロサンゼルス校(UCLA)や同バークレー校(UCB)などの名門大学もある。産業ではシリコンバレーもあります。功成《こうな》り名《な》を遂《と》げた富裕層や企業のトップなどがどんどん集まってきます。そして、豪邸に住んでいる。

ところが、彼らの子どもたちの評判は良くない。親はがんばって成功したけれど、息子は勉強もしないで高級車を乗り回し、女の子と遊んでばかりいる。親の地位や名誉や財産を食い潰すだけのボンボンというわけです。親のようにがんばらなくても楽しく生きていける。だから、がんばろうと思わない。要するに「豊かボケ」です。

今から思えば、そうしたがんばらない若者の存在というのは、二十世紀を通じて世界でもっとも繁栄を謳歌した米国社会が〝先衰国〟化する兆《きざ》しだったのだと思います。一九八〇年代を通じて、米国は双子《ふたご》の赤字（貿易赤字と財政赤字）に苦しみます。そのいっぽうで、日本は貿易黒字を拡大しました。米国は、日本の追い上げに危機感を抱《いだ》きます。

そこで、米国はどうしたか。豊かボケの国内の人材が当てにならないので、海外からの優秀な留学生や研究者の活用を考えたのです。海外人材の〝傭兵化〟です。

日本の追い上げを受けたと言っても、米国は世界で一番進んだ国ですから、世界中から人材が集まります。大学にも日本や他のアジアや欧州や南米などから優秀な人材がどっとやって来ます。豊かボケの米国の学生より、向学心に燃える若者たちです。彼らのなかには、米国で研究を続ける人が少なくありません。優秀ですから、どんどん業績も挙げる。海外研究人材の傭兵化は成功し、米国は一九九〇年代以降、一転して復活を遂げます。

逆に、日本は失われた20年に入ります。「ジャパン・アズ・ナンバー・ワン」と言われ、浮かれているうちに、今度は日本が先衰国化し、豊かボケに陥ったのです。

しかし、海外人材の傭兵化には大きな副作用がありました。優秀な海外からの人材に依存するうちに、気がつけば、大学の教員や研究者などの顔ぶれは外国人が多くなり、すっかり米国人が減ってしまっていたのです。

自国人材の強化へ転じる米国

傭兵依存で自国の人材が空洞化したことに危機感を抱いた米国は、自国の人材育成、強化へと大きく舵《かじ》を切ります。それを象徴するのが、二〇〇五年十月に発表された「押し寄せる嵐を乗り越えて（Rising Above the Gathering Storm）」という報告書です。

学術機関・全米アカデミーズが、二十一世紀の国際社会で米国が科学競争に勝つにはどうすればいいか、そのための戦略と実行計画の作成を米国の上下両院などから依頼され、取りまとめたもので、委員長を務めたノーマン・R・オーガスティン元ロッキード・マーチン社会長の名前から、「オーガスティン・レポート」とも呼ばれます。

この報告書の言わんとしていることは、副題 Energizing and Employing America for a Brighter Economic Future を見れば、一目瞭然です。

つまり、明るい経済の未来のためには米国を活性化し、米国人を採用しないとダメだ、ということです。そして、そのためには基礎的な教育・研究こそ重要で、その基本は「科学、技術、工学、数学（STEM: Science, Technology, Engineering and Mathematics）」である。米国はここが弱くなっており、強化すべきである、と指摘します。

また、海外人材の傭兵ばかりに頼って自国の人材が空洞化した反省から、米国の市民権を持つ者をきちんと育成し、強化しなければだめだ、とも謳《うた》っています。

日本では、今まさに「グローバル化に対応するために世界から優秀な人材を呼び込め」と言っているわけですが、米国はかなり前からそれを実践してきた。ところが、気づいてみたら、自国の人材が空洞化してしまっていた。これではいけない、自国民もきちんと育成しないと大変なことになる、そう考えるようになったのです。

報告書には、米国の市民権を持った有能な若手研究者への助成金の支給、年間1万人の科学・数学教師の採用、連邦予算の毎年10％増加、米国を本拠地とするイノベーションのための税制優遇措置など、さまざまな施策が盛り込まれました。

それは、米国の国益を最優先にした教育再生プログラムでした。この報告書は、その後の状況の変化を踏まえて、二〇一〇年にもう一度出されますが、基本的な方向性は変わっていません。

いずれにしろ、いくら海外の人材が優秀でも、自国の人材育成を疎《おろそ》かにして、依存度を高めてしまえば、必ず国は弱体化します。米国の経験は、海外の優秀な人材をいかに活用するかという点において、重要な視座を私たちに与えてくれています。

米国の大学財政についても、すこし触れておきます。米国の一流大学は、ハーバード大学にしろ、スタンフォード大学にしろ、多くが私立大学です。しかし、政府の財政支援は大きく、研究費などに多額の公的資金が投入されています。この政府の支援こそが、米国の科学研究を世界の頂上まで押し上げたのです。

ただし、一九七〇年代以降、ベトナム戦争での疲弊などもあり、米国はそうした財政支援の余裕がだんだんなくなります。そこで、大学は、より多様な財源を市場に求めるようになります。企業との共同研究や研究成果の特許ビジネス化、大学基金の運用強化などがそれです。

こうして、米国の有力大学は、きわめて強固な財政基盤を築くようになりました。スタンフォード大学、プリンストン大学、MITなどは、およそ1兆円以上の大学基金を有《ゆう》しています。エール大学は2兆円、ハーバード大学に至っては約3兆円です。

日本の大学基金は、慶應義塾大学で400億円、早稲田大学で300億円、東京大学で100億円程度と言われています。日本で規模の大きいこれらの大学基金と比べても桁《けた》違いで、こうした潤沢《じゅんたく》かつ強固な財政基盤が、質の高い教育を支えているのです。

米国の大学は日本と違い、卒業生などから多額の寄附が集まります。寄附を促す税制も大きいのでしょうが、それを差し引いても寄附をする人が多い。大学が自分の人生を作ってくれた、切り開いてくれた、そんな思いがあるのでしょう。

残念ながら、日本には寄附文化というものがありません。何とかそれを育てていきたい。そこで、京都大学では、産学連携による外部資金の獲得などで財政基盤の強化を図ると共に、新たに渉外部を作り、同窓会の数を飛躍的に増やすなど、寄附文化の醸成《じょうせい》にも積極的に取り組んでいます。

寄附と言えば、大変うれしいことがありました。日本企業の10年以上にわたる経済状態の悪化により、大学への法人寄附は大きく低下しました。大学の周年事業以外には、寄附をほとんどいただけなくなったのです。私が総長に就任して以来、産業界や政官界の方々に京都大学の活動や新しい取り組みの発信を進めてきました。そのなかで、京都大学の卒業生で企業のトップ（社長、会長）の方々から「京都大学の財政を援助するほどの個人寄附はできないが、京都大学総長の応援団として、総長のリーダーシップを物心両面から支えたい」とのありがたい申し出を受けました。

その結果、「京都大学鼎《かなえ》会」（京大ＯＢ財界トップによる総長支援団体）が結成されました。個々人の寄附により、年間２０００～３０００万円を寄附していただけることになりました。鼎会は、二〇一二年一月に25名の発起人の呼びかけによりスタートし、二〇一四年三月現在、約１５０名の会員数になりました。企業のトップにある人たちが、母校のトップである総長を応援することに大きな意味があるとされています。

大学間競争と資金配分

欧州の大学教育は、国立大学を中心に発展してきました。英国の大学も同様に、政府の手厚い補助金によって、学費は長らく無料でした。

高度な知識人を社会に供給する大学は公共財である、という考え方が強かったのと、大学進学率がさほど高くなく、財政的にそれが可能だったからです。一九七〇年代半ば、日本の大学進学率（大学＋短大）が30％を超えた頃、英国のそれは10％程度でした。

しかし、経済のグローバル化で、高い知識や技術を持つ人材の必要性が高まるにつれて、大学へ進む若者も増え、進学率は一九九〇年には32％、二〇〇九年には61％と大きく伸びました（文部科学省「人材力強化のための教育戦略」二〇一三年）。

その間、英国政府の台所はだんだん厳しくなり、一九七九年に留学生向けの学費補助が打ち切られます。そして、一九九八年には英国の学生に対する学費補助も廃止され、学費の徴収が始まります。授業料の上限は当初、年額１０００ポンドでしたが、その後段階的に引き上げられ、二〇一二年には９０００ポンドまで引き上げられました。日本円で１５０万円くらいです。

これを負担するのは学生です。大学が提供するサービス（知識）を消費するのは学生であり、対価は自分で払うのが当たり前という受益者負担の原則が徹底しているからです。米国もそうですが、この点は、親がかりの日本とは決定的に違います。

英国の場合、授業料の支払いは、卒業後に得る収入からの後払い方式ですから、大学時代にしっかり勉強していい職に就《つ》かないと、先々の支払いが大変です。当然、支払いは少ないほうがいい。このため、上限を９０００ポンドに値上げすることが発表された二〇一〇年十一月には、３倍の値上げはあまりにも負担が大きすぎると、学生たちの激しい抗議デモが起こりました。払うのは自分だから、学生も必死なのです。

このように、大学は、自分が支払う対価について真剣に考える学生を相手に「知」というサービスを提供するわけです。いいかげんなものを出せば、学生にそっぽを向かれ、市場から淘汰《とうた》されかねない。逆にいいサービス、より良い「知」を提供すれば、より多くの学生の支持を集め、その分、収入も増えます。そうすれば、政府としても、公共財として不適な大学への公的資金の支出を減らすことができる。

英国は財政難のいっぽう、グローバル化にともない大学への進学機会が急増するなか、市場原理を通じて大学間の競争を促し、公的資金の最適配分を考えたわけです。

政府の補助金は、大学の研究者の実績を審査して決められます。そこで、名門大学などは、審査でポイントが稼げる優秀な研究者を、競《きそ》うように世界中からヘッドハントするようになっています。日本の大学からも研究室ごと引き抜かれるケースが出ています。給料、研究費、設備費など数億円規模の費用を負担しても、それを上回る政府の補助金、さらには企業など外部からの資金の獲得が期待できる、という判断です。

日本の学生劣化や大学の凋落が続けば、こうしたケースは増えていくと思います。優秀な研究者を抱える日本の大学は、世界の名門大学の〝草刈り場〟になるかもしれません。

地球規模で起きている、学生の流動化

グローバル化は、人材の国際的な流動化を加速します。それを雄弁に語るのは、世界における留学生の推移です。世界の留学生は、ＯＥＣＤのデータでは、一九七五年には約80万人でしたが、二〇〇九年には約３６７万人と４倍以上に膨《ふく》れ上がりました。特に、中国人留学生の増加は顕著で、二〇〇二年の約18万２０００人から二〇〇九年には約56万８０００人へと急増しています。

米国への留学を見ると、二〇一一年、中国はダントツの１位で約19万４０００人。一九九九年は約５万４０００人でしたから、４倍近く伸びています。２位以下はインドの約10

万人、韓国の約7万2０００人、サウジアラビアの約3万4０００人と続き、日本は約2万人です（図表9）。

日本から米国への留学は、一九九九年には約4万6０００人で、中国との開きはわずかでした。しかし、その後、中国が大きく数を伸ばしたのに対し、日本は大きく数を減らしてしまった。今では、一九九九年の半分以下です。ちなみに、ハーバード大学（学部、二〇一二年度）の在籍者を見ると、韓国人は47人、中国人は50人を数えますが、日本人はわずか9人です。国の勢いの違いを感じます。

では、日本への留学生はどうか。現在、受け入れ総数は約13万8０００人。そのうち、約8万6０００人を中国が占《し》めます。日本に来ている留学生の6割以上で、2位の韓国の約1万7０００人を大きく引き離しています（日本学生支援機構調べ、二〇一三年）。

京都大学にも、中国からの留学生はたくさんいます。彼らは、競争心と向学心が旺盛ですから、豊かボケした日本の学生と比べると雲泥《うんでい》の差があります。

中国の場合、最優秀の第一群は米国へ行きます。第二群は欧州、もしくはオーストラリア、日本へやって来るのはその次の第三群です。ですから、最優秀の図抜けた学生はめっ

図表9　米国への留学者数

国別順位（2011年）

順位	国名	留学者数（人）
1	中国	194,029
2	インド	100,270
3	韓国	72,295
4	サウジアラビア	34,139
5	カナダ	26,821
6	台湾	23,250
7	日本	19,966
8	ベトナム	15,572
9	メキシコ	13,893
10	トルコ	11,973

上位4カ国と日本の推移

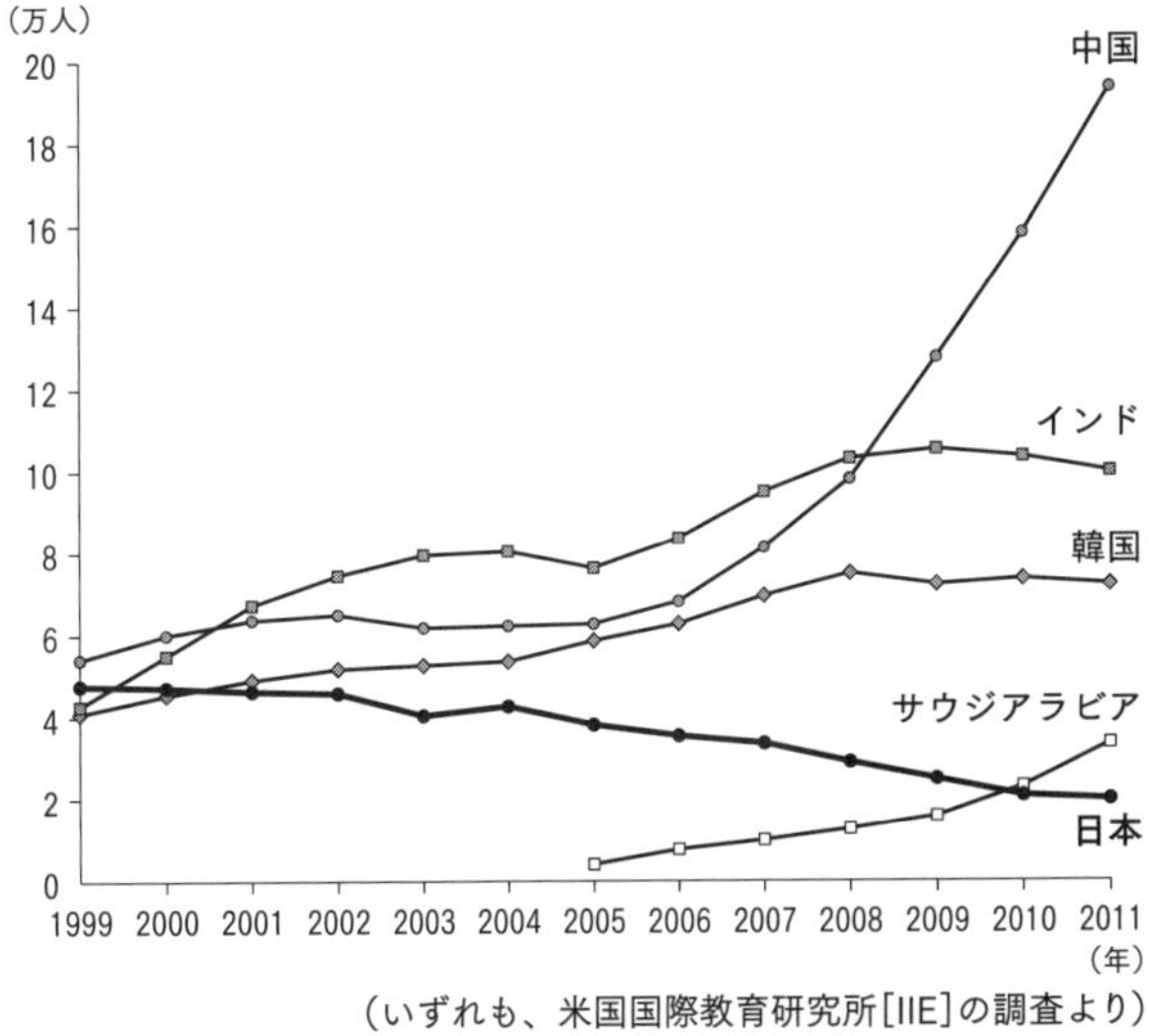

（いずれも、米国国際教育研究所[IIE]の調査より）

たにいません。それでも優秀です。中国の人材の層は、本当に厚い。

また、本来であれば、第一群、第二群で欧米に行くべき学生なのに、どうもなじめそうにないとか、欧米に行きたいがそれだけのお金がないとか、そういう学生が、消去法的に日本へ留学するケースもあるようです。彼らは本当に優秀です。

ただし、中国には、最優秀の才能がまだまだ埋もれている可能性が高い。中国では、優秀な学生はみんな北京大学や清華大学などを目指しますが、誰でも平等に挑戦できるわけではなく、都市戸籍に比べて農村戸籍の定員枠は大きく抑《おさ》えられています。これは、若者が離農し、農地が荒れるのを防ぐためで、たとえば北京大学の新入生に占める農村戸籍の割合は、2割程度とされます。都市戸籍のほうが断然有利なわけです。

ですから、農村部にはすごく優秀な学生が埋もれているはずで、京都大学ではそうした人材をぜひ発掘したいと考えています。北京の三流と農村部の一流なら、断然、農村部の一流のほうがいい。圧倒的に地頭のいい学生を入学させたい、そう思っています。

ともあれ、地球規模での学生の流動化の高まりを受け、地域ごとの連携の動きも加速しています。欧州では、一九八〇年代後半から始まった域内連携を目指す「エラスムス計画」を接続する形で、一九九九年に「ボローニャ宣言」が出され、以後、大学版ＥＵ（欧州連合）とも言える「ボローニャ・プロセス」が始まっています。

これは、国ごとに異なる制度を統一することで、ＥＵ圏内での学生や研究者の流動性を高めると共に、ＥＵ圏外からもすぐれた人材の流入を図るのが目的です。その主な内容は、①欧州全体で通用するような共通の学位制度の確立、②欧州単位互換制度を導入し、域内の学生や研究者の移動の促進、③欧州の視点や思考を取り入れたカリキュラム開発、などです。

欧州は、米国へ行く留学生や研究者が多いので、ＥＵ域内での学びやすさや働きやすさ、さらには大学の質を上げることで米国との競争力を高める狙《ねら》いもあったようです。

また、二〇〇四年に博士課程以上を対象にした域内外の交流促進を図るための「エラスムス・ムンドゥス」という計画も始まり、ＥＵの大学は国際連携を強めています。

こうした欧州の動きを受けて、アジアでも地域の連携を模索する「アジア版エラスムス計画」という動きが始まっています。ＥＵ同様、単位互換制度や共通の学位制度の導入などを目指していますが、採点法の違いなど課題も多く、まだまだこれからです。

大規模公開オンライン講座「MOOCs《ムークス》」の衝撃

アジアの新興勢力の台頭や留学生、研究者の流動性が高まるなか、これをさらに加速させるしくみが登場しました。大規模公開オンライン講座「MOOCs（Massive Open Online Courses）」です。

二〇一二年から本格的に始まったMOOCsは、登録さえすれば、誰でも無料で世界の一流大学の有名教授の講義を受講できます。等《ひと》しく高等教育に触れることが可能になり、途上国などの若者や学びから離れていた主婦や高齢者にも高いレベルの教育を受けるチャンスが生まれました。誰でも簡単に〝お茶《ちゃ》の間《ま》留学〟ができるわけです。

講義は、テレビのように一方向ではなく、授業中にテストをしたり、質問を受けたりするなど双方向性を持ちます。しかも、課題や試験をクリアすれば、修了証が発行される授業もある。正式な単位として認めようという動きも出ています。

モンゴルのある高校生は、MOOCsでMITの二年生向けの電子回路の講義を受け、テストで満点を取りました。受講生15万人のうち、満点は約300人。彼は15歳で、教授から天才と絶賛されたそうです。そして、MITの受験を勧《すす》められ、受けたら合格してしまった。ＭＯＯＣｓが、モンゴルの青年の未来を開いたわけです。そして、ＭＩＴはすばらしい才能を手に入れた。

これからは、中国の奥地やモンゴルにいるであろう、あるいはアフリカにいるかもしれない非常に優秀な生徒をネットで無料で教えて見つけ出し、一本釣りする時代になるかもしれません。

現在、ＭＯＯＣｓには、モンゴルの青年が受講していたＭＩＴやハーバード大学が母体の「エデックス」、スタンフォード大学の教授が設立したベンチャー企業が運営する「コーセラ」などがあり、世界で７００万人以上が受講しているとされます。

東大はコーセラへの参加を決めましたが、京大はエデックスへ参加することになり、第一弾として、二〇一四年春から上杉志成《うえすぎもとなり》教授の英語による「生命の化学」の講義が始まります。化学は、日本では京大がトップですし、世界でも3位か4位です。エデックスの期待も大きく、日本固有の西田《にしだ》哲学（京都学派の創始者・西田幾多郎《きたろう》京大名誉教授による哲学体系）なども実施してほしいと言われています。

ネットだからといって講義のレベルが低いわけではなく、たとえば、エデックスにはハーバード大学のマイケル・サンデル教授やＭＩＴのウォルター・ルーウィン教授など、スター教授が続々参加しています。そんな講義が無料で受けられるわけです。

こうなると、高い授業料を取って講義を提供する既存の大学や大学教員の存在価値とは何か、となってきます。質の高い授業を提供できない大学や先生は、これまでのような授業料を取れなくなり、いずれ淘汰の憂《う》き目《め》を見ざるを得ないでしょう。実際、サンデル教授がＭＯＯＣｓで「正義」の講義を行なった時は、他大学の哲学科の先生たちから悲鳴が上がったとも聞きます。現実世界の学位より、仮想空間で得たＭＯＯＣｓの有名教授の講義の修了証のほうがずっと価値があるとなったら、立場がないからです。

ＭＯＯＣｓで一流の講義を知った受講者は、質の良くない大学や先生を容赦《ようしゃ》なく炙《あぶ》り出します。一対一の議論や指導など対面教育の強みを活《い》かして、教育の質を高めていかないと、いずれＭＯＯＣｓに負けてしまいます。

オックスフォード大学やケンブリッジ大学などの英国勢は、どこまで講義の質を保証できるか疑問と慎重姿勢でしたが、二〇一三年秋から独自のＭＯＯＣｓ「フューチャーラーン」を開始しました。

最近は、ＭＯＯＣｓの成績を採用に利用する企業も現われています。今や世界は、「マウスをクリックするだけで届く場所に住む競争相手との競合を強いられる〝距離の死（the Death of Distance）〟」（前出「押し寄せる嵐を乗り越えて」）のなかにあります。そして文字通り、マウスをクリックするだけのネットの世界で、優秀な人材の獲得競争が猛烈な勢いで始まっているのです。

大学予算を削《けず》る日本、増やす諸外国

ＭＯＯＣｓや欧州の域内連携、アジアの新興勢力の台頭などで、学生や研究者の流動性は高まるいっぽうです。今や大学は、国家の枠を超えた地球規模の巨大な市場となりました。人材獲得競争は熾烈《しれつ》を極め、諸外国は国を挙げて対応しています。

翻《ひるがえ》って日本はどうでしょう。文部科学省のデータから浮かび上がるのは、大学教育をめぐる国からの財政支援がきわめて貧弱なことです。具体的に見てみましょう。

まず、二〇一二年のＧＤＰに占める高等教育への公財政教育支出の割合は、０・５％にすぎません。ＯＥＣＤ平均は１・１％で、日本はＯＥＣＤ諸国のなかで最下位です。また、二〇〇〇年を1とした場合の高等教育への公財政教育支出の伸びは、OECD平均が1・38倍なのに対し、日本は1・05倍とほとんど横ばいです。もっとも高いのは韓国で、1・83倍です。成長している国は、高等教育にお金をかけているのです。

それに比べて、日本はあきれるほどお金をかけません。それでも何とかなっているのは国が出さない分、国民が〝身銭《みぜに》〟を切っているからです。日本の高等教育における家計負担の割合は実に64％を超えます。OECD平均は30％ですから、2倍です。

科学技術予算の伸びも低い。二〇〇〇年と二〇一〇年を比較すると、日本が1・05倍（2・08→2・19兆円）なのに対し、米国1・43倍（346→496億ドル）、英国1・56倍（41・9→65・2億ポンド）、韓国2・34倍（1・8→4・22兆ウォン）、中国に至っては4・35倍（89・8→391億元）です。

教育や科学技術に対する予算は、国の未来への投資です。諸外国は、そのために着実に予算を投じています。日本も、こうした見識《けんしき》の下《もと》、息の長い投資をすべきです。

資源がない日本は、たとえて言えば、坂道を転《ころ》げ落ちようとしている大きな岩の塊《かたまり》を、新たな科学技術を生み出し続けることで、科学者たちが必死に支えている状態です。

すこしでも手をゆるめれば、たちまち岩は転げ落ちてしまう。そうならないように、国が研究を支援することが不可欠なのです。しかし、現実は、国の支援がないばかりに世界のトップの座から転落した技術は太陽電池をはじめ、いくつもあります。

数年前の事業仕分けで「2位じゃダメなんでしょうか？」との発言がありましたが、最初からナンバー2を狙って研究する人などいません。ナンバー1を狙うからこそ、世界のトップからすこしだけ前に出られるのです。

予算が削減されれば、研究をあきらめる者も出てくる。研究者がいなくなれば、日本の研究界にぽっかり穴が開いてしまいます。それを埋める人材を育てるには、また一《いち》からお金と時間をかけなければならない。その間、研究はストップです。せっかく、世界のトップを狙える技術があっても、予算の削減で、大きく育つ前に芽を摘《つ》まれ、海外の研究者に抜かれてしまうケースが山のようにあるのです。

それだけではありません。日本では二〇〇四年に国立大学が法人化されて以降、大学側の裁量で使える運営費交付金が毎年約1％ずつ減らされています。大学の先生は交付金を無駄《むだ》に使っているから減らせ、というわけです。

「国立大学の法人化」とは本来、「国立大学の自由化」であったはずですが、実際には、国の財政悪化から大学関係予算の削減を意図した側面が多分《たぶん》にありました。この10年間に減額された国立大学全体への交付金の総額は、1600億円以上にもなります。

京都大学の場合、約1700億円の総事業費のなかで、交付金の占める割合は約35%です。そのほとんどが人件費であり、さらには自己収入では賄《まかな》えない経常的かつ必要最低限の教育、研究のための基盤的経費を捻出し、その上で大型設備や建物などを整備しなければならないのです。一括交付されているのだから、それを活用して好きにやればいいと言う方がいますが、現状の経営を支えるだけで手一杯というのが、大学法人化後に財務担当理事を経験した私の偽《いつわ》らざる思いです。

大学は、人を育て最先端の研究をする場であるのに、こうした予算を削ることは大学という大地を痩《や》せさせる愚挙だと思います。豊かな大地でなければ、大木は育ちません。ただでさえ大変なのに、この先、さらに交付金を削られたら、研究力の低下は避けようがない。革新的な研究もやりにくくなる。しわ寄せは、研究現場の非正規雇用の増加という形でも現われます。研究成果を挙げようとするなら、基盤を削っては絶対に良い成果は出ないのです。

新しいプロジェクトなどに対して、別立てで審査の上、交付する競争的資金（科学技術戦略推進費など）がありますが、短期で成果の出るものが優遇されるため、腰を据えた研究は難しくなります。共同研究も進まない。資金獲得のための書類作成やヒアリングなどに忙殺され、肝心《かんじん》の研究時間が奪われる、という笑えない事態も起きています。

確かに、なかにはひとりで何千万円、何億円と競争的資金を取る人もいます。しかし、それだけで研究成果が出るわけではない。大学全体に対する基盤的経費で整備したり、積み上げたり、培《つちか》ってきたものがあるから、個々の研究成果が出せるのです。交付金を削っても競争的資金があるじゃないか、と言う方がいますが、この点が認識されていない。競争的資金だけでは成果は出せません。

このまま、衰退するのか！

こうした財政支援の貧弱さは、じわじわとこの国の技術力や大学力を蝕《むしば》んでいます。

たとえば、学術論文。科学技術・学術政策研究所の調べによれば、日本は、引用数の多い注目度の高い論文の割合が低下しています。引用数の「トップ10％論文」で見ると、一九九九～二〇〇一年に世界第4位だったのが、二〇〇九～二〇一一年は中国やフランスに抜かれて7位に順位を落としています。また、二〇〇九～二〇一一年の国際共著率を見ても、英国やフランスなどが50％を超えているのに対し、日本は約26％にとどまっています。このように、明らかに大学力は落ちています。

それでも、政府は「10年以内に世界大学ランキングのトップ１００に日本の大学を10校入れる」と言います。本気でそれを目指すなら、中国、香港、台湾、シンガポールに負けないだけの予算を注ぎ込むべきです。現在の10倍は欲しい。今、国立大学に入るのは１兆円ほどですから、これを10兆円にする。そしてキャンパスの環境を整備して、外国人の優秀な研究者をどんどん連れてくる。研究費もふんだんに使えるようにする。そうすれば、トップ１００に10校入ると思います。

今のままでは、いくら私が「京大に来てよ」と外国にいる友人の研究者に声をかけても、まず来てくれません。京大教授の給与は年１０００万円ほど。トップクラスの外国人教員を呼ぶには、最低でも２０００万円＋住宅手当などが必要です。給料を聞いたとたんに、みんな苦笑いです。3カ月や半年、せいぜい1年間、遊びのつもりで来る人もいると思いますが、腰を据える人はまずいません。

安倍《あべ》首相は、教育再生実行会議の第二次提言の手交《しゅこう》の際、こう述べました。

「大学力は、国力そのものです。大学の強化なくして、わが国の発展はありません」

まったく、その通りです。しかし、実際に国が行なっているのは、大学力を削《そ》ぐことです。さんざん兵糧《ひょうろう》攻めにしておいて、「100位以内に10校入れます」と言われても、どう逆立《さかだ》ちしたらなるのでしょうか、というのが正直なところです。このまま行けば、それこそ東大も京大もトップ100にとどまれるかどうかもわからないのに。

〝世界で戦える大学〟を作る

個人的には、世界に伍《ご》して戦えるいい大学をたくさん作るには、ある程度、特定の大学群に国の予算を集中投下せざるを得ないのではないかと思っています。

競争的資金にしても、競争しても、結局は、ある特定の大学群が多く獲得しています。ならば、そこに自由度の高い予算をどんとつける。「何で、あの大学にそんなにたくさん渡すのか」と言われたら、「過去の実績です」と言えばいい。事実ですから。研究者は、資金獲得の書類作成やヒアリングなどから解放されれば、研究に集中できます。そして、その大学群に全国にいる優秀な研究者も集める。あるいは、自分が望めば、実力次第で行けるようにする。

これなら、ワールド・プレミア・ユニバーシティズ（WPU）ができます。

ただし、それだけ人もカネも注ぎ込む以上、当然、義務は生じます。ランキングを落とすようなことがあれば、WPUの冠《かんむり》をその大学から召《め》し上げて、代わりにがんばって上がってきた大学にその栄誉を担《にな》ってもらう。言うなれば、サッカー・JリーグのJ1、J2の入れ替えのようなものです。

ただし、コロコロ替えてはダメです。中期計画期間の一期6年では少ないので、二期12年がいいでしょう。その間はじっくり取り組む。それでも、うだつが上がらなかったら、追い上げて来た他大学に席を譲《ゆず》り、優秀な人材も移る。このような制度設計で、いい人材といい環境を維持すれば、世界と太刀打《たちう》ちできるワールド・プレミアムな大学が、100位以内に10校とは言いませんが、今より数校は余計に送り込めると思います。

東大は10位以内を目指していますし、京大も10位以内を目標にしています。最近は、大阪大学も10位以内と言っています。10位以内に3校入れば、日本としても大いに胸を張れると思います。ただし、それには、第一章から述べてきた高等教育にまつわるすべての問題をクリアしないといけない。そして、国に責任を押しつけるだけではなくて、学生の意識、大学人の意識、社会の意識を改める必要があります。

そして、それこそが実は、一番やっかいな難問なのです。しかし、やらなければならない。できなければ、この国の大学は座《ざ》して死を待つのみです。

第三章——

京都大学の改革 Ⅰ

入試、学生を変える

京都から大学を変える

（1）入試改革

二〇一六年度から開始！「京大方式特色入試」

入学試験だけだった高校と大学の接点を広げ、より緻密《ちみつ》に連携することで、たがいの学生の学習意欲の向上を図る。

高校と大学の接続・連携をより深める「高大接続《こうだいせつぞく》」の発展は、社会からの要請が強いグローバル人材育成のための太い幹である——①幅広い豊かな教養力、②英語などの外国語運用力、③すぐれた専門力——を、三位一体《さんみいったい》的にトータルで養成する際の基盤であり、国の人材育成上もきわめて重要です。

緊密な高大接続が求められるようになった背景には、大学入試への受験準備に学生や保護者、高校、予備校などが注力するあまり、受験科目に特化した受験技術競争の激化や低年齢化など、社会的歪《ひず》みとも言える状況が顕在化している現実があります。

入試で高得点を取り、目指す大学に合格することだけを目標にした外発的動機にもとづく受動的な学びは、京都大学のような研究型大学が重視している「自ら課題を発見し、チャレンジする」自発的・能動的な学びとは異なり、本来、相容《あいい》れないものです。

また、受験対応型の教育が浸透すればするほど、大学教育における人材育成の目標との乖離《かいり》が進むという負の循環も懸念《けねん》されます。今の入試システムでは、欲しい学生と入ってくる学生にズレが生じており、それがますます拡大しています。

そこで京都大学では、こうした問題を是正《ぜせい》していくために、二〇〇六年以来、高校における幅広い学びと接続した入試制度のあり方について、検討を重ねてきました。そして、二〇一六年度入試から「高大接続型京大方式特色入試」（以下、京大方式特色入試）を導入することにしました。この新しい入試制度に込めた思いを一言で言えば、「高校時代に受験科目だけでなく、それ以外もきちんと勉強し、幅広い知識と教養の土台をしっかり身につけてほしい。京都大学が望むのはそういう学生である」ということです。

高校生には、全教科勉強してほしいと思っています。理系に行く生徒は文系に弱い、文系に行く生徒は数学や科学はさっぱりわからない。それでは困ります。音楽や美術や体育も中学・高校時代にしっかり学ばないと、バランスのいい人間になれません。

そして、何より受験科目以外の教養や遊び、人間関係などの経験値の高い学生のほうが、既知《きち》の経験を組みあわせ、新たな問題を解決できる能力にすぐれています。ですから、京大では偏りなく幅広く学んだ学生を求めます。

京大方式特色入試の詳細をお話しする前に、「なぜ、受験科目以外も勉強する必要があるのか」。この点について、もうすこしくわしく述べたいと思います。

現行の入試制度の行き詰まり

今のような受験科目に特化した受験対応型の学習が一般化するまでは、大学入試の成績の優秀な学生は、受験科目以外の科目についても、ひと通りの知識がありました。

たとえば、世界史で受験した生徒は、日本史についても基本的なことは知っていたし、物理や化学で受験した生徒も、生物についての常識的な理解がありました。ですから、大学での専門的な学びのなかで、たとえば生物学的な研究が入ってきても対応ができた。受験科目だけでなく、それ以外の科目もきちんと勉強していたからです。

このため、大学側はサンプリング方式で、たとえば理科3科目のうち、入試で物理の成績だけ見れば、化学や生物も同程度の知識はあると考えていました。物理で80点を取れる学生は、化学も生物も80点くらいの力があるだろう、と。実際、学生もそれだけの学力を備えていました。

しかし、その前提はいつのまにか崩《くず》れてしまった。選択の自由度の高い高校カリキュラムの出現と受験科目の減少によって、大学受験を控えた高校生は、受験科目に特化した受験対応型の学習をするのが当たり前になってしまったからです。今では、高校時代に生物を学んでいない学生が医学部に入ることすら起こっています。

ちなみに、最近は、偏差値は当てになりません。優秀な学生は偏差値が高いかというと必ずしも100%の相関はないし、偏差値が高い生徒が将来伸びるという保証もない。

受験科目だけの偏った勉強では、大学の学びについていくのも大変です。そして、そのまま社会に出れば、大きな壁にぶち当たり、深い悩みを抱えてしまう恐れもあります。

高校時代の学びの成果を見るはずだった大学入試は、今では、さながら大学に入るための特定科目の〝点取り競争〟です。本末転倒もいいところで、現行の入試制度は、すでに本来の機能を失っています。

高校時代に幅広く学ぶ意味

こういう話をすると、次のような疑問を持たれる方がいらっしゃると思います。

「いろいろな科目を勉強して、何の役に立つの？」

正直に白状すると、私も高校時代はそう思いました。ほとんどの科目が必修でしたから、しないわけにいきませんでしたが、それでも、たとえば古文の授業で『枕草子《まくらのそうし》』や『方丈記《ほうじようき》』などを読んでいると、「こんなんやって何の役に立つんかな」とよく思ったものです。でも、それらは後々《のちのち》役に立つのです。理由は四つあります。

ある時、物置《ものおき》を整理していたら、高校時代のノートがたくさん出てきました。パラパラとめくってても、まったく覚えていない。でも、それはまちがいなく自分の字で、たとえば、漢文のノートを繰《く》れば、「国破《くにやぶれて》 山河在《さんがあり》 城春《しろはるにして》 草木深《そうもくふかし》 感時《ときにかんじては》 花濺涙《はなにもなみだをそそぎ》……」などと杜甫《とほ》の「春望《しゆんぼう》」が書いてあったりします。『唐詩選《とうしせん》』をかじっているわけです。

もちろん高校までですから、知識としては深くはない。でも、一応《いちおう》かじってはいる。だから、たとえば今から漢詩を勉強しても、すいとスタートできる。漢詩など見たこともなければ、ゼロからのスタートです。何かを始めたり、考えたりする時の前提が全然違うのです。これが、受験科目以外も役に立つひとつ目の理由です。

ふたつ目の理由は、高校時代の幅広い学びは、後々それぞれがつながりを持ち、より大きな知識、教養を身につけるためのベースになるからです。産業界の方とお話しすると、よく「古典に学ぶ」ということをおっしゃる。それは、『論語』や『孟子《もうし》』や『孫子《そんし》』や『韓非子《かんぴし》』などを指すことが多いわけですが、誰だって、高校時代にビジネスと『論語』のつながりなど思いもしません。

しかし、社会に出ると、それらの古典には人間の真実が書き尽くされていることを知るようになります。そんな時に、わずかでも『論語』をかじったことがあれば、「あ、あれか」と関連書籍も手に取りやすい。それまでバラバラだった日本史や世界史や漢文などの知識が結びついて、仕事に役立つ、より深い知識や教養の獲得につながるわけです。

三つ目の理由は、専門教育のためのしっかりとした土台ができるという点です。よく大学に入ったら高校の時より広いことをやると思っている方がいますが、それは違います。大学に入ったら、狭いことを深くやるのです。それには、土台となる高校時代の幅広い学びが欠かせません。深い穴を掘ろうと思ったら。穴の直径は大きくないといけないし、建物も基盤が大きくなければ、高いものは建てられません。高校時代の幅広い学びこそが広くてしっかりとした土台や基盤を作るのです。

もとより、土台が狭くて貧弱では、穴を掘る場所も建てる場所も限られます。選択肢が狭くなるのです。広くしっかりとした土台ができていれば、何をするにしても選択肢が増えます。その分、人生の可能性も広がります。

四つ目の理由は、次に述べる創造性です。

教養の土台がなければ、専門課程でも伸びない

博士論文が通って学位を授与された人を「博士《はくし》」と言います。電子工学分野で学位をもらった私の名刺には、工学博士と書いてあります。みなさんは、工学博士と聞いてどう思いますか？　工学分野なら何でもわかっていると思っていませんか？　それは大きな誤解です。たとえば、機械工学のことを聞かれても一部はわかりますが、後はほとんどわかりません。化学工学も土木工学もよくわかりません。工学分野を網羅《もうら》する博識など、ありはしないのです。

では、博士とは何かと言ったら、「ごく狭い領域で深い学びを積んだ人」のことなのです。ですから、たとえば土木工学で言えば、ひとりひとりを見れば、橋や風や構造など狭くて深いところを専門に研究しています。その意味では、土木工学の「橋博士」「風博士」「構造博士」などと呼ぶのが本来正しいわけです。

私の場合は、さしずめ〝電子工学針士《しんし》〟。電子工学分野のなかの電波科学の針《はり》の先に当たるプラズマ波動のことなら知っています。それも、かなり深いところまで知っている。それが正しい評価であり、肩書《かたがき》です。

明治文壇の巨匠・夏目漱石《なつめそうせき》は、文部省が文学博士の学位を授与しようとした時、これを拒否しました。文学全般の博識を名乗るほど破廉恥《はれんち》ではないと考えたわけです。それは、内実《ないじつ》の怪《あや》しい権威をありがたがる世間への、漱石流の皮肉でもありました。

大学というところは、最初は幅広く教養を学ぶので間口《まぐち》は広いですが、専門教育が進むにつれてだんだん狭くなり、修士、博士と課程が進むと、しまいには針山のてっぺんみたいなことをやるわけです。そうなると、こう考える人もいるでしょう。

「僕は、物理学者として、学問の先端である針山のてっぺんを目指したい。どうせ狭いところへ行くなら、最初から物理をやりたい。生物や日本史などは必要ないのでは？」

でも、それは違います。物理でも、たとえば生命科学や農産物との接点など生物学の知識は必須です。生物をまったく学んでいないと、物理の世界でしかものが考えられなくなってしまいます。

「宇宙はどうしてできたか、なぜ存在するのか」という宇宙論があります。これに関して「宇宙が存在するのは人間が存在するからだ」という人間原理説を主張する物理学者がいます。彼らは、幅広い知識と深い教養を総動員して原理原則を見直そうとしているのです。物理だけ学んでいたのでは、こうした発想は出てきません。

創造とは何か？　新しいものを創り出すことです。物理の知識しかないのに、生物のことが突然閃《ひらめ》くということは通常、あり得ない。空《から》っぽの引き出しをいくら開けても、何も出てきません。幅広い教養の土台がなければ、針山のてっぺんには登れないのです。

もちろん、なかには早くから特定の分野に突出した学生もいます。しかし、一般的にはバランスの取れていることが大事で、長い目で見れば、やはりそういう学生が伸びる。特化型の学生は、得意分野で伸びきれなかった時にはどうしようもない。ほかに選択の余地がないからです。やはり、基盤となる学力は万遍《まんべん》なくつけるべきです。

創造性とは、2の〝べき乗《じょう》〟

どの学問分野でもそうですが、行き着くところまで行けば、必ず新しい発想が要求されます。そこで大事になるのは、自分の知識や経験を総動員して、いかに多くのアイデアを思いつくことができるかです。それには、知識や経験は多ければ多いほどいい。その分、組みあわせも増えて、思いつくアイデアの数も膨《ふく》らむからです。

私が大学院の修士に進んでまもない頃、恩師に「松本君、この問題を考えなさい」と言われました。たいてい、翌日までにある程度の枠組みが見えて報告に行くのですが、その時はすこし時間がかかって4日目に持って行きました。恩師に言われました。

「君、4日も考えんとわからへんのか。3日考えてもできんことは、3カ月やってもできへん。3カ月考えてもわからへんことは、3年かかってもできへん」

つまり、細かいところまできちんと詰めるには時間がかかるけれど、こういうことができそうだという大枠は3日もあれば十分だ、ということをおっしゃったわけです。

ただし、それには短時間で大枠を導き出すための基盤（＝幅広い知識や経験）が必要です。一《いち》からあれこれ調査をして情報を集め、これはこうだ、あれはどうだと、それらをつないで組みあわせ、アイデアを練《ね》っていたら時間がかかる。しかし、きちんとした基盤があれば、1日か2日で大枠を組み立てることはできるのです。

創造性の大元《おおもと》は、2のべき乗の組みあわせ理論です。べき乗とは、あるひとつの数どうしを繰り返し掛けあわせることです。2のべき乗であれば、2、4、8、16、32、64、128……と倍々で大きくなります。ですから、たとえば知識と経験が10ある人と11ある人との差は、見かけは1ですが、実際にそこから導き出されるアイデアの数は2の10乗と2の11乗で2倍違います。12ある人との差は4倍違います。その差が広がるほどに、発想力（アイデアの数）は、べき乗でとてつもなく拡大していくわけです。

今の若者は、インターネットで調べたら何かしら出てくるので、それでいいと思っている節《ふし》があります。しかし、創造性とは知識と経験の総動員であり、その人ならではの「そうか、よし、これでいこう」という最初の一歩が何より大切です。ネットからの借りものでは、そうしたオリジナリティは生まれてきません。

だからこそ、高校時代の幅広い学びが大事になるのです。たくさん本を読んでほしいし、さまざまな経験もしてほしいのです。美術や音楽、演劇の活動をしてみる。それらはすべて人間関係、人文科学の基礎です。理系の人でもこれらを経験していると、創造性のある仕事をする時に必ず役に立ちます。

日本人ではじめてノーベル賞（物理学賞）を受賞した湯川秀樹《ゆかわひでき》先生（京大名誉教授）も、文学部にずっと通っておられました。iPS細胞でノーベル賞（生理学・医学賞）を受賞した山中伸弥教授も、学生時代は柔道やラグビーに熱中し、今もマラソンを趣味にするなど、一見すると研究とは何の関係もないスポーツを愛好しています。

会社のなかでアイデアマンと呼ばれる人がいると思いますが、そういう人は、ほかの社員よりも知識や経験が豊富なのです。若い時に幅広く学び、いろいろな経験をすることは、研究者の道を選ぼうが、社会人として活躍する道を選ぼうが、等しく大事なのだと声を大《だい》にして言いたいと思います。

積み上げてきた、積分値《せきぶんち》を評価する

二〇一六年度入試より、新たに京都大学全学部で実施予定の京大方式特色入試は、受験科目だけでなく、それ以外の幅広い学び（知識や経験）も求めています。

募集人員は、各学部若干《じゃっかん》〜25名、10学部合計110名程度（全定員約2900名のうち、約3・8％）を予定しています。判定するのは、①高校での学修における行動と成果、②個々の学部におけるカリキュラムや教育コースへの適合力、のふたつです。

①については、書類審査で行ないます。具体的には、高大接続を重んじる観点から、高校での学びをていねいに評価するため、「調査書」、在学中の顕著な活動歴（数学オリンピックや国際科学オリンピック出場、各種大会における入賞、教育委員会賞、国際バカロレアディプロマコース・SAT・TOEFL・TOEIC・英検の成績など）を記した学校長などが作成する「学業活動報告書」、並びに、志願者自らの学ぶ意欲や志《こころざし》について評価するため、志願者が作成する「学びの設計書」を元に判定します。

②については、各学部に必要な基礎学力や望ましい能力を重んじる観点から、書類審査に加えて、学部独自の選抜方法で実施します（図表10）。具体的には、センター試験の成

図表10　京大方式特色入試

学部（学科）		募集人員	提出書類に加えての選抜方法	入試種別
総合人間学部		5名	能力測定考査（英語、文系総合問題、理系総合問題）、センター試験の成績	学力型ＡＯ
文学部		10名	センター試験の成績、論文試験、「学びの設計書」に関連する論述試験	学力型ＡＯ
教育学部		6名	課題および口頭試問によるパフォーマンス評価の成績、センター試験の成績	学力型ＡＯ
法学部		20名	センター試験の成績、小論文試験	後期日程
経済学部		25名	センター試験の成績、論文試験	学力型ＡＯ
理学部		5名	数学に関する能力測定考査、口頭試問、センター試験の成績	学力型ＡＯ
医学部	医学科	5名	小論文試験、面接試験	推薦
	人間健康科学科　看護学	10名	論文試験、面接試験、センター試験の成績	学力型ＡＯ
	人間健康科学科　理学療法学	3名		
	人間健康科学科　作業療法学	3名		
薬学部	薬科学科	3名	論文試験、面接試験、センター試験の成績	学力型ＡＯ
工学部	地球工学科	3名	口頭試問、面接試験、センター試験の成績	推薦
	電気電子工学科	5名	センター試験の成績	
	情報学科	2名	口頭試問、センター試験の成績	
	工業化学科	若干名	センター試験の成績	
農学部	食料・環境経済学科	3名	センター試験の成績、小論文試験	学力型ＡＯ

※2014年４月時点のもので、今後の検討次第で若干変更する可能性あり

績、能力測定考査、論文試験、面接試験、口頭試問を学部ごとに組みあわせて行ないます。

図表10のなかで、入試種別に「学力型ＡＯ」「推薦」とありますが、これは、従来のＡＯ入試や推薦入試とは異なります。

文部科学省が定めた大学入学者選抜実施要項における推薦入試は、「出身学校長の推薦にもとづき、原則として学力検査を免除し、調査書を主な資料として判定する入試方法」であり、「推薦書・調査書だけでは入学志願者の能力・適性等の判定が困難な場合」に、各大学が実施する検査、センター試験の成績、資格・検定試験などの成績などを出願要件や合否判定に用いています。

京大方式特色入試では、大学教育を受けるために必要な基礎学力を把握するために検査をすることを原則とするので、大学入学者選抜実施要項で言う推薦入試とはすこし違います。高校から提出された情報を判断するのは、あくまで大学側です。

学力型ＡＯも、調査書を補う学校長などが作成する「学業活動報告書」の提出が必要となりますから、無条件に出願が許可されるわけではありません。

また、法学部は「後期日程」となっていますが、これは特色入試を試験日程を後期試験日に行なうもので、いわゆる後期日程試験の復活を意味するものではありません（京都大学では、二〇〇七年度入試から後期日程試験を廃止しています）。

出願資格・出願要件については、調査書で必要な数値——たとえば学部によって異なりますが、調査書の全体の評定平均値が４・３〜４・７以上など——を定め、これを提示している学部もあります。

高校の先生がいくら言葉で幅広く勉強すべきだと言っても、一部の科目の得点だけで合否が決まる今の入試制度では、学生が偏りのない学力をつけるのは簡単なことではありません。そこで、受験のためだけの狭い学びではなく、本来あるべき幅広い学びで、偏りのない学力をつけられるようにと考えたのが、京大方式特色入試です。

たとえば、全科目の平均点がＡ君は90点、Ｂ君は85点とします。単純に点数の比較なら、Ｂ君は落ちてしまう。でも、Ｂ君は全科目万遍なく勉強し、成績に偏りがない。剣道部の主将で、ボランティア活動も熱心だった。逆に、Ａ君は音楽や美術の成績が悪く、勉強以外の活動はほとんどしていない。どちらを採《と》りますかとなれば、京都大学はオールラウンド型のB君を評価しますというのが、基本的な考え方です。

判定の対象となるのは、偏りのない学びであり、その学生のトータルのプロフィールです。高校を卒業するまでに積み上げてきたすべてのもの、つまり、その学生の積分値を評価するわけです。昨今、増えている、ひ弱で幼い学生などは自《おの》ずとフィルタリングされるのではないかと思います。

医学部で導入する「飛び入学」

京都大学が望むのは、受験科目以外もきちんと勉強した「幅広い学びを修めた学生」です。京大方式特色入試では、その基本的な考え方の下《もと》、各学部がそれぞれのアドミッション・ポリシー（入学者受け入れ方針）にしたがい、独自の選抜方法を実施します。

なかでも、特徴的なのは医学部医学科による「飛び入学」の導入です。飛び入学とは、高校三年次を履修せずに高校二年から大学一年に入れる制度で、現在、千葉大学や成城大学など国公私立6大学が採用していますが、医学部では京都大学が全国初です。

医学部医学科の京大方式特色入試の定員は5人（二〇一六年度）。求めるのは「世界の医学研究をリードできるような学生」です。出願資格は基本的には高校三年生ですが、国際科学オリンピックの数学、物理、化学、生物のいずれかの日本代表として世界大会に出場した場合に限り、高校二年生でも飛び入学での出願を認めます。

ちなみに、二〇一三年の該当分野の競技には19人（数学6人、物理5人、化学4人、生物4人）の高校生が出場。うち二年生は7人です。出願に当たっては、このほか、①調査書の評定平均値4・7以上、②TOEFL iBT83点以上、などの条件を満たす必要があります。

高校三年次を履修しない飛び入学は、京都大学が求める「幅広い学びを修めた学生」像に反するのでは？——そう思われる方もいらっしゃるかもしれませんが、その点については「調査書の評定平均値4・7以上」という出願要件で十分担保できると考えています。

何より、国際的な舞台で理数系の能力を競う経験は他の学生にはないもので、突出した能力がある証《あかし》です。どの分野でもそうですが、幅広い学びに加えて傑出した才能がある学生は、研究者としてのポテンシャルが高い。医学の分野であれば、それこそノーベル賞級の独創的な医学研究者になることが期待できます。これが、飛び入学を導入した大きな理由です。

加えて言えば、日本では卒業後の臨床研修が必修化された二〇〇四年以降、医師の臨床志向や専門医志向が顕著になり、基礎医学研究やトランスレーショナルリサーチ（基礎的な研究や臨床に応用する橋渡し研究）を担う人材が激減しています。

この状況を放置すれば、将来の医師を養成する大学での教員不足は深刻な問題になるし、新しい治療法の研究開発力なども大きく低下してしまうでしょう。次代を担う医学研究者の育成は、この国の喫緊《きっきん》の課題であり、医学部を持つ大学の責務でもあるのです。

飛び入学者には、大学院生などが一年間付《つ》き添《そ》い、学業と生活面をサポートするほか、高大接続の意義からも高校などと連絡を取りながら十分にケアをしたいと考えています。

公平性重視が招いた、入試の過当《かとう》競争

京大方式特色入試は、前にも述べたように、人物本位で学生を選ぶという意味では、センター試験に代わる「達成度テスト」における「発展テスト」と基本的な考え方は同じです。違うのは、受験科目だけでなくその他の科目も幅広く勉強してきたか、そこに力点を

置いて判定する点です。プレゼン対策の巧拙で合否が決まるような入試制度にはしません。

こういう選抜方法に対しては、「合否判定で、主観的な要素が強くなるのでは？」「点数のほうがはっきりしていいのでは？」という疑問や批判が必ずついて回ります。それに対しては、いつもこう答えるようにしています。

「それではお聞きしますけれど、入社試験で公平に点数で社員を採っていますか？　面接は公平さが担保されているのですか？」と。今の日本のシステムは、社会に出ると、いきなり「公平性重視」から「競争重視」にガラッと変わるのです。

ところが、多くの人は、大学までは義務教育の延長のような感覚を持っており、みんな同じに扱うのが当たり前、と考えています。しかし、それが入試における異常な過当競争を生み、結果として、今日《こんにち》の学生劣化を招いたのです。

各大学にはアドミッション・ポリシーがあり、本来、欲しい学生はそれぞれ違うはずなのに、同じモノサシ（入試制度）で学生を選ぶ。だから、欲しい学生とのズレが生じて、望まない状況になるのです。

京都大学はアドミッション・ポリシーに従い、欲しい学生（＝受験科目以外もきちんと勉強した学生）を選びたいと思います。

入試を健全化すれば、高校教育も健全化される

高校教育で幅広い学びが担保できるようになれば、大学入試も健全化するし、大学入試を健全化すれば、高校教育も健全化される。私はそう考えています。京大方式特色入試は、そのために高校と大学を密に接続するための入試制度です。

高校までに幅広く学ぶことは、京都大学だけが言っても実現しませんし、それを評価するのも難しい。高校側の努力や協力が欠かせません。そこで、高大連携に熱心でしっかりとした教育を行なっている高校と提携を結び、いろいろ意見をうかがったり、こちらから講師を派遣し、数学や物理などを教えたり、特別の研究テーマで講演を行なったりしています。

授業は単発ですが、「京大の先生に来てもらって話を聞くと、高校生の目の色が変わる。勉学意欲が俄然《がぜん》高まる」と好評です。生徒たちは「こんなおもしろいことが大学に行くとできるのか」と、肌で実感するからです。

京都府、大阪府、滋賀県など関西圏で提携校を増やしていますが、いずれは全国へ広げていければと考えています。私自身も、東京の有名進学校の先生方とは、年に2回ほどお目にかかり、意見交換をさせていただいています。

二〇一一年度は、東京都教育委員会と一緒に山中伸弥教授の講義を東京で行ない、大変な好評をいただきました。二〇一二年度には、チンパンジーの研究で有名な松沢哲郎《まつざわてつろう》教授、二〇一三年度には、私自身が宇宙科学と百年後の世界について講演を行ない、高校生や先生方に好評でした。

このように、京都大学は、高校と大学がたがいの現状を理解しながら、協力できることは協力し、本来あるべき高校教育における幅広い学びを担保し、かつ双方の接点である大学入試を改善していきましょう、と高大連携を進めています。

こうした京都大学の姿勢について、高校の現場の先生方は、非常に好意的です。端的に言うと、校長先生や受験科目以外の先生方が大変喜んでいます。

たとえば、今、漢文の先生は小さくなっています。教えても教えなくても、入試に関係ないからです。しかし、漢文の素養は中国文化を知ることです。中国文化を学ばずして中国は語れません。韓国も含めて東アジアを議論するなら、中国の歴史や地理は必須で、それには漢文、つまり中国語の理解が不可欠です。日本にとって、非常に重要な教科なのです。そして、京都大学が欲しいのは、まさに漢文もきちんと勉強する学生です。ですから、高校の先生方は、京都大学の方針を歓迎しています。

「これこそ、教育の本来あるべき姿だ」と。

少々口幅《くちはば》ったい言い方をお許しいただけるなら、現行の入試システムが制度疲労を起こし、機能しなくなった今、京大方式特色入試は、高大接続に新たな地平を切り開くと共に、高校での幅広い学びを担保し、学力劣化の淵源を根本から改め、真の意味での高等教育を実現する新たなしくみの嚆矢《こうし》になるのではないかと考えています。

欧米の一流大学は、幅広く高い学力はもとより、ボランティアなどの課外活動や各種のリーダー経験などがないと、入学できないようになっています。単に入学試験の点数を上げるためだけに高校卒業までの時間をひたすら費《つい》やしてきたような学生は、国や社会の将来を担《にな》う人材育成を使命とするトップ大学には必要ないからです。

京大方式特色入試が求める学生もまさにそうで、一部の教育関係者の間からは「日本のトップ大学もやっとここまできたか。歴史を画《かく》する出来事だ」との声も聞こえてきます。トップ大学が入試を変えれば、日本の教育システムそのものも変わっていくはずです。微力ながら、京都大学はその先駆《さきが》けになりたいと思っています。

（2）教育改革

教養教育を変える

教養教育は、好奇心という根毛《こんもう》に覆《おお》われた根をしっかりと大地に伸ばす試みです。大樹《たいじゅ》ほど根は広く、また深く張られています。根が広く深く大地に食い込んでいる限り、そこから滋養分《じようぶん》を吸収することができ、樹《き》はさらに大きく成長することができます。

京都大学は、学生の学力を底上げし、教養教育の充実を図るため、二〇一三年四月に教養教育の企画と実施を一元的に行なう「国際高等教育院」を発足させました。詳細は後で述べるとして、まずは、その開設に至る経緯からお話ししたいと思います。

京都大学では、旧制第三高等学校を母体とする教養部が、長く一般教養教育を担ってきましたが、一九九一年の大学設置基準の大綱化にともない、教養部を改組《かいそ》し、総合人間学部を設置することになりました。一九九三年三月末で、教養部は廃止され、同年四月から総合人間学部の学生受け入れが始まりました。これにより、学士課程の前半2年に区分された一般教養課程も廃止され、4年（医学部、薬学部薬学科を除く全学部）ないし6年（医学部、薬学部薬学科）の一貫教育を導入し、高度一般教育の理念の下《もと》に、全学共通教育を実施することになりました。

全学共通教育の運営は、主に総合人間学部と理学部の一部が責任を負うと共に、各学部、研究所、センターなどが協力する形で始まりましたが、まもなく教養部の廃止にともなう教養教育の衰退が全学的に認識されるようになりました。三、四年次に行なっていた専門教育が一、二年次に下りてくることで、教養教育を侵食するようになったのです。

そこで、一九九六年に全学共通科目レビュー委員会が発足し、見直しのための組織的な検討が始まります。以来、継続的な議論が行なわれ、二〇〇三年には全学共通教育の企画・運営を行なう全学組織として、高等教育研究開発推進機構が発足しました。

同機構は、各学部の先生方の意見を聞き、どのようなしくみを作るかを話しあう委員会を作ります。しかし、実際に全学共通教育を担当するのは、主に大学院の人間・環境学研究科と理学研究科に所属している先生方です。その結果、企画する機構と実際に教える先生方との役割が二元的になりやすく、弊害《へいがい》が見られるようになりました。

〝ジャングル方式〟の弊害

一、二年生が履修できる教養科目は約１０００科目もあり、主要科目だけ見ても、非常に科目数が多い。先生方の思いのこもったすばらしい科目ばかりですが、学問として順序立っていない場合もあります。こうした多様なものから学生が自由に選ぶ、いわば〝ジャングル方式〟がいいという意見もありました。

京都大学は豊かなジャングルである。バナナもあれば、リンゴもあるし、イチジクだってある。木登りが得意なら、てっぺんまで登ってヤシの実を食べたらいいし、登るのが嫌なら、そのへんのイチゴを食べたっていい。どの道を選んで、何を食べるか、学生ひとりひとりの好みや能力に応じて、自分で選ぶ楽しみがある。これが教育だ――。こういう考え方です。

これは、ある意味正しいですし、後述する「ポケット・ゼミ」などはまさにそうです。しかし、幅広い教養を身につけ、専門教育の土台とする教養教育のあるべき姿からすると、やはり「好きなものだけ食べる」〝偏食《へんしょく》〟では困ります。

たとえば、電気電子工学であれば、コンピュータや半導体などは産業の最先端です。研究するのもおもしろいし、がんばって論文を書けば業績にもなります。新しい研究は聴いていても楽しいので、学生の受けもいい。自分の研究室に、優秀な学生が来てくれるかもしれない。そうすれば、すばらしい頭脳が使えて、自分の研究も発展させることができる。自分の研究テーマは〝撒《ま》き餌《え》〟になるのです。だから、かつての教養部のような教養教育へのオブリゲーション（責務）が薄れ、自分の研究に軸足を置いた内容を中心に教育する先生が増えた。

そうなると、十九世紀に確立した電磁気学のように、どこの研究室でも必要だけれど、今では研究する人もいないような基礎的な知識は、誰も教えたがらない。学生の人気はないし、自分の研究室のプラスにならないからです。教養の根っこは、絶対に必要な基礎知識であり、誰かが教えないといけないのに、みんな嫌がるのです。

　私は、嫌がらずにずっと数学など基本的な教科を教えていましたが、ある時「知ってる関数は？」と学生に聞くと、一次関数、二次関数、三角関数しか答えが返ってこない。特殊関数など聞いたこともない。これでは、専門的な工学など学びようがないわけです。基本的な知識の獲得においては、最近の発見や最新の学説を知るより、時の試練に耐えた本物の学問が持つ真実や固有の方法を正しく理解することのほうがずっと重要なのです。

　それには、ジャングル方式で好きなものだけ食べる方式では、やはり弊害が多い。そこで、その原因になっていた企画と運営の二元化を改め、そのすべてを国際高等教育院が責任を持って一元的に行なうようにしたのです。

　ここに至るまでには、一九九六年に教養教育の見直しに着手して以来、実に16年余りの歳月が経《た》っています。その間、全学シンポジウムを毎年開催するなどして京都大学の教養教育はどうあるべきか、議論を重ねてきました。報告書は14冊にもなります。

「もういいでしょう。14年も数多くの教員の意見を聞き、熱い議論をしてきたのだから、私は改革の実行に移したい」――私は、こう主張しました。その結果、この2年半で学部長会議などを20回以上開催し、意見を集約の上、ジャングル方式を希望する先生方の意見も取り入れる形で、全学の意思統一を図りました。

ここに、ようやく国際高等教育院の成立を見たわけです。なお、これにともない高等教育研究開発推進機構は廃止されました。

カリキュラムの再編成

国際高等教育院で教養教育を一元的に企画・運営するには、それを責任を持って遂行するスタッフが必要です。そこで、教育に熱い思いを持つ優秀な教員に、全学部から国際高等教育院に移籍してもらい、企画評価委員会を構成しました。

立ち上げに際して、「自分の研究も大事だけれど、教育にも力を入れてください。それが、あなた方のミッションです」と申し上げました。

教養教育改革の一番の課題は、それまでの全学共通教育のカリキュラムを、学びの順序との関連などで再編成することでした。従来のジャングル方式では、先生が自分の研究テーマを教えることが多く、たとえば「イタリア美術史」「西洋古代の文学ジャンルと常識」

「ラテンアメリカの〇〇」など、好きな〝お題〟だけを選べば、学問体系のなかでどういう位置づけなのか、学生にはよくわからない。そこで、それぞれの科目が全体のどの位置にあるか、明確にわかるように組み直しました。

具体的には、まず、「人文・社会科学系科目群」「自然・応用科学系科目群」「外国語科目群」の三つに分けました。それぞれの科目は基礎から始まり、次に何を学ぶべきかわかるように、順次性・階層性を明確にしています。

算数もできないのに微積分《びせきぶん》ができるはずはないし、微積分ができなければ物理もわかるはずがないからです。従来は、その位置づけが曖昧《あいまい》でしたから、学生はいろいろな講義を覗《のぞ》き、「これ、おもしろそうや」と思って、その講義を受講するわけです。しかも、それが「楽勝科目や！」となれば、どっと学生が取るようになる。それでは、幅広い教養など身につきません。

語学もそうです。京都大学の語学は有名で、語学と称しながら文学でした。私が学部時代に習った英語は、先生がテープレコーダーを教壇の上にドンと置いて、再生スイッチをポンと押すだけ。「これ、聴いとけ」と言って、先生はどこかへ行ってしまう。教室に流れるのは、シェークスピアなどの英米文学です。先生は授業が終わる頃に戻って来て、「このフレーズはこういう意味があるんだよ」などの話をザッとするだけです。それはそれでおもしろいのですが、英語の力がついたかと言えば疑問です。

教養としての英語であれば、スポークン・イングリッシュ（口語英語）はこうで、リトゥン・イングリッシュ（文語英語）はこうで、科学英語論文はこういうふうに書くのです、ということをきちんと教えないと、リテラシーがつきません。見直しによって、京都大学の英語教育はずいぶん良くなりました。

新入生を刺激する「ポケット・ゼミ」

国際高等教育院では、先の三つの学群のほかに「現代社会適応科目群」を用意しました。ここでは、情報、環境、コンプライアンスといった社会科学や自然科学の枠に収まらない領域のものを扱います。

さらに、これらの枠組みにも収まらないものをまとめて「拡大科目群」としました。その代表格は「ポケット・ゼミ」です。これは、一九九八年より入学直後の新入生向けに開設した10人程度の少人数セミナーで、１８０余りの科目が提供されています。

全学の教員が提案型で行ない、大学はどういうところか、学問をするとはどういうことか、最先端の分野でどんなことが行なわれているのか、など教員が直接学生に語りかけたり、さまざまな研究フィールドへ誘ったりする、いわば〝京大入門〟の授業として機能しています。

ポケット・ゼミは、京都大学が全国に先駆けて取り組みを進めてきた少人数教育の授業法で、担当教員はジャングル方式で、学問の順次性も階層性も無視して、自分が研究しているものをそのまま学生に教えます。

ピンポイントの研究に関するゼミですから、学問の全体像はわかりませんが、研究の最前線を知るおもしろさ、生《なま》の研究方法を体験する感動を入学直後に経験できます。たとえば、実際にインドネシア、中国、アフリカなどへフィールドワークに出かけたりもします。こうしたことから、ポケット・ゼミは学生たちに大変人気があります。

新たなカリキュラムは、これまで以上に体系性を重視した構成になっており、学生たちがより高度で価値の高い教養を身につけられるように再編成されています。これは、教える側にも、担当する授業の位置づけを明確にすることで、学生の学力の底上げという全学挙げての課題を担うひとりなのだということを常に意識してもらう意味あいもあります。

研究も大事ですが、教育も大事なのです。

「異《い》・自《じ》・言《げん》」を鍛える

国際高等教育院は、学生の学力を底上げし、教養教育の充実を図ることを目的としていますが、より具体的に言えば、「外国語を含めて国際的に通用する教養を身につけること」であり、その先にイメージしているのは「英語力や教養力を強化して、国際的に活躍できるグローバル人材」です。

それを実現するためのキーワードは「異・自・言」です。私は、この三つがそろってはじめてグローバル人材であると考えています（図表11）。

まず「異・自・言」の「言《げん》」ですが、これは「言語力」、つまり、外国語の能力を指します。リテラシーとして、今や英語は必須です。世界のトップレベルを目指す日本の大学にとって、英語は越えなければならない壁です。日本のすぐれた研究が世界で評価される

図表11　京都大学の教育

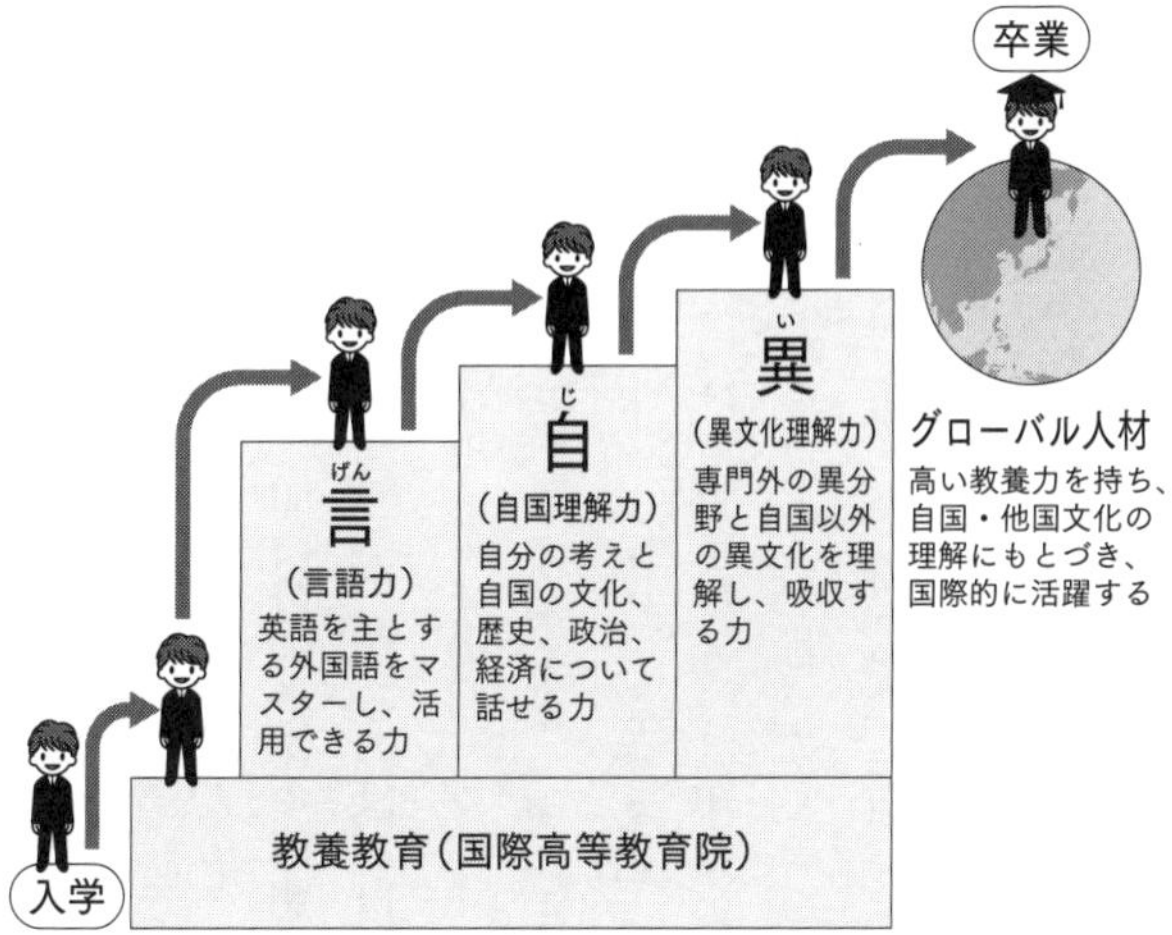
卒業
言《げん》
（言語力）
英語を主とする外国語をマスターし、活用できる力
自《じ》
（自国理解力）
自分の考えと自国の文化、歴史、政治、経済について話せる力
異《い》
（異文化理解力）
専門外の異分野と自国以外の異文化を理解し、吸収する力
グローバル人材
高い教養力を持ち、自国・他国文化の理解にもとづき、国際的に活躍する
教養教育（国際高等教育院）
入学

ためにも必要なことです。英語はマスターしないといけません。

京都大学では、学部や大学院での英語による授業を現在の全体の5％から二〇二〇年までに30％に増やす予定です。また、世界で活躍するには英語に加えてフランス語、スペイン語、中国語などのうちひとつはできるようになりたい。英語プラス1言語。それが目標です。

ただし、外国語ができるだけでグローバル人材になれるわけではありません。国際舞台で議論になれば、必ず「あなたの考えはどうか」と聞かれます。その時に外国語ができても、自分のなかに語るべき内容（意見）がなければ、話しようがない。

そこで大事になるのは、「異・自・言」の「自《じ》」です。これは「自分理解力」「自国理解力」のこと。具体的には、自分の考えや思想を確立し、自国の文化や歴史を理解して、話せる能力を指します。「言」を操《あやつ》るのは「自」であり、これがしっかりしていなければ、海外では相手にされません。それは、グローバル人材のいろはのいです。

私は「自鍛自恃《じたんじじ》」という言葉をよく使います。「自鍛」とは、自らの心と身体を鍛えることです。レオナルド・ダ・ヴィンチも言っています。「老年の欠乏《けつぼう》を補うに足りるものを青年時代に身につけておきなさい。知恵を必要とするということを理解したら、老年に至って栄養失調にならぬよう、若いうちに勉強しなさい」と。

「自恃」とは「自《みずから》」＋「矜恃《きょうじ》」で、「自らに恃《たの》むべし」ということです。江戸時代の昌《しょう》平坂《へいざか》学問所の名塾長として知られる佐藤一斎《さとういっさい》は「士《し》は当《まさ》に己《おのれ》に在《あ》る者を恃むべし」と言っています。他人に頼る前に、自らの内にある己自身に恃むのが筋道であるということです。人に頼らず、自らに誇りを持ち、自らを頼って生きていく。「自」は大事です。

では、英語ができて「自」があれば、グローバル人材かと言えば、そうではありません。もうひとつ大事なものがあります。「異・自・言」の「異《い》」です。これは「異文化理解力」のことで、異文化を理解し、吸収できるしなやかさを指します。

たとえば、ミャンマーという国の制度も文化も生活様式も知らずに、いきなり飛び込んで何かビジネスをしようと思っても、それは無理です。まず、現地を知らないといけない。現地へ行き、現地の人と同じものを食べ、同じ酒を飲み、同じ衣服に身を包んでみる。あるいは、一緒に農作業をしてみる。郷《ごう》に入《い》っては郷に従え、ローマにおいてはローマ人のようにふるまえ、昔からある国際人の鉄則です。

日本人はもともと、これに長《た》けています。ヤマト王権の頃から、朝鮮半島の百済《くだら》、新羅《しらぎ》の文化をいち早く吸収したり、中国大陸の隋《ずい》や唐《とう》に学僧などを派遣し、先進の学問や文化を学んだりしています。昔から、異文化を吸収する能力は高いのです。

これを活かさない手はありません。日本とは違う国の文化について、ひとつでもいいですから、突き抜けた知識を身につけるようにしてほしいと思います。同様に、自分が専門とする分野とは違う「異」分野についても学び、理解できる力も重要です。「異」は異文化、異分野を理解し吸収するしなやかさです。

「異・自・言」、この三つがそろってはじめて相手の文化も理解できるし、協調もできるし、場合によっては競争もできるのです。京都大学では、教養教育を通じてこの三つを備えたグローバル人材をひとりでも多く育成したいと思っています。

教養科目の半分以上を、英語で行なう

国際高等教育院に国際とつけたのは、「異・自・言」力を鍛え、グローバル人材を育成するためです。

しかし、それは日本人の教員だけではできません。特に「異」や「言」がネックになる。京都大学にも、異文化体験をした先生はたくさんいますが、その経験は2年、5年など限られたものです。また、世界の国は非常に多く、たとえ1年や2年でも、すべての国に教員を派遣するほどの余裕はありません。

話す英語力だけなら、英会話スクールから先生を引き抜いてくればすみます。でも「異・自・言」力を鍛えるには、異文化をきちんと背負った立派な研究者でないと意味がない。中身のある研究背景を持つ人でないと、本物の講義はできないからです。そこで、さまざまな国の先生方に、その国の文化や考え方も一緒に引き連れて入ってきていただき、授業を展開してもらおうと考えています。

具体的には、二〇一三年度から5年間かけて、全学で外国人教員を毎年20人ずつ、計１００人増員し、主に一、二年生が学ぶ教養科目の半分以上を英語で行なう予定です。二〇二〇年までには、外国人教員を現在の２４０人から５００人に倍増させる方針です。

先生方は各部局に所属していただき、研究だけでなく、国際高等教育院にも講義を提供してもらいます。外国人教員が各部局に入れば、京都大学の先生方の変化も期待できます。「異」が入ることによって、日本的な「自」で凝《こ》り固まっていた研究文化にグローバル化のマインドが発生する可能性が高いからです。

たとえば、インド人の先生が来れば、インド人の考え方とか、その背景にある哲学も一緒に入ってきます。米国人の先生なら米国の文化を持ってきますし、英国人なら英国の文化を持ってきます。すると、日本人の先生方との間に、自然と「異」と「自」の交流が生まれ、「異・自・言」力も鍛えられます。

理工系や医学・生命科学分野は研究に国境がなく、ライバルは世界中にいるため、国際化に対する理解も自然と深まります。しかし、人文社会系は研究内容が固有の文化と結びつき、特定の言語で行なわれることが多いため、なかなか世界の同じ土俵で評価できない。

その点、外国人の先生方が入れば、嫌でも同じ土俵に乗ります。京都大学には、2週間以上滞在し、研究活動に携《たずさ》わる外国人研究者が年間約3000人いますが、二〇二〇年には、2倍の6000人に増やす計画も策定しました。これもまた、先生方や研究者のいい刺激になると思います。

こうして、国際化が進めば、グローバル大学としての京都大学の地歩《ちほ》を築くことにもつながります。また、外国人教員の比率が高まれば、大学ランキングの国際性の評価も改善します。外国人教員の採用にはそうした意味あいもあります。

京都大学は、二〇二〇年までにいろいろな国際指標をすべて倍増させる「2x by 2020(ダブル・バイ・トウェンティ・トウェンティ)」の国際戦略を定めました。この戦略に沿って、二〇二〇年までに世界のトップ10大学を目指します。

留学生を倍増させる

留学生も増やしたいと思っています。二〇一二年度に京都大学に来た留学生は、全学で約2000人いますが、これを二〇二〇年までに4300人にする予定です。

留学生を受け入れるということは、海外から文化も歴史も考え方も違う人がやって来るということです。日本の文化を吸収してもらうと同時に、彼らの文化や歴史や考え方を私たちも理解し、吸収すれば、「異・自・言」力の強化になり、グローバル人材としての土台を鍛えることにつながります。

留学生の多くはある意味、母国のエリートです。特に、東南アジアなどでは、米国よりも日本へ行きたいという学生がまだまだ多い。彼らは、日本で学位を得て国に帰ると、だいたい責任ある地位に就きます。つまり、留学生は、日本との友好関係を築く外交の〝種まき〟をしてくれるのです。ですから、東南アジアからの留学生をたくさん受け入れることは、日本の外交的貢献にもなるわけです。

また、日本の学生にすれば、将来の親日派リーダーと親しく交われるわけですから、貴重な人的財産にもなります。「異・自・言」力が鍛えられるだけでなく、得難《えがた》い東南アジアのリーダー層とのつながりもできるのです。また、留学生が増えれば、外国人教員と同様、大学ランキングの国際性の評価も改善されます。

こうしたことから、京都大学は留学生を支援するため、寮の整備も進めています。最近建てた留学生・外国人研究者用の宿泊施設「吉田国際交流会館」は、留学生は月額3万8000円の賃料《ちんりよう》を払いますが、民間のアパートよりはるかにいいですし、家具は全部ついています。日本人の学生が訪れ、話ができるような交流スペースも用意してあります。そこで、大いに「異・自・言」力を鍛えてほしいと思います。

「あなたは英語が下手《へた》だ」

国際的な舞台で仕事をする方はご存じでしょうが、海外では、人間の幅の広さをよく見ています。これは大変重要で、幅の広さイコール教養です。

インターネットですぐに調べられる知識をいくら並べても、全然相手にしてくれません。しかし、彼らが触れたことがないような思想、哲学、視点に立脚した話をすると、とたんにぐっと身《み》を乗り出してきます。自分にはない教養に反応し、共鳴するのです。

英語（語学）で重要なのは中身で、いかに「自」を語れるか、「自」を語れる自分を鍛え作るか、です。教養教育の大切さとはまさにそこで、学生時代に深い教養を身につけていないと、とても世界では通用しません。

たとえば、学会などに行くとよくわかりますが、日本人は一般に英語が上手ではない。なかには、こちらが恥ずかしくなるようなこともあります。それでも内容が良ければ、みんな寄って行って質問をします。いかに「自」を語れるか、なのです。

ですから、私は外国へ行ったら、「自」を語るようにしています。私は宇宙科学が専門ですから、たとえば、欧米の研究者を相手に神道《しんとう》や仏教、東洋哲学などを交えて宇宙観を語ったりします。すると、「その発想はおもしろい」「こんな話は聞いたことがない」などと言われます。日本人には、彼らにない発想やその背景となる文化や伝統、歴史がありま す。だから、彼らとは違うものの見方ができる。

たとえば、詩人・ホメロスの話が出たら、日本にもこういうものがありますよ、と言って万葉集《まんようしゅう》の歌のひとつふたつを披露し、英語でその意味を教えてあげれば、きっと身を乗り出してくるはずです。日本にもそんな昔から、そういう文学があったのかと。それには、「自」を語るための基盤である幅広い知識や教養が不可欠なわけです。

余談ながら、英語が上達したかったら、とにかく話すことです。下手でもいいのです。大事なことは「肝《きも》で話す」こと。たとえば、国際会議などに行くと、最近でこそ改善されましたが、欧米の研究者はだいたいアジアの人間を下に見る傾向が強い。米国人などは、英語が母語でない人のことなどおかまいなしに早口でべらべらしゃべります。

ある時、あまりに早口で、何を言っているのかわからなかったので、手を挙げて「あなたは英語が下手だ」と言ったことがあります。相手は「なぜ、日本人にそんなことを言われなければならないか」と怒り出した。

私は、ひるまず言いました。「英語は我々のマザーランゲージ（母語）ではない。それにもかかわらず、そんな早口で話されたら、我々はいくら努力してもわからない。わからないコミュニケーションツールをべらべらしゃべるのなら、英語が下手という以外にどう言えばいいのか」と。

拍手が湧きました。それを見て相手は首をすくめ、話すスピードをゆるめたのです。肝を据えて本気で語る言葉は、必ず相手や周囲に伝わります。

第四章――

京都大学の改革Ⅱ

リーダー、研究者を育てる

（3）大学院改革

リーダーを育成する新・大学院「思修館《ししゅうかん》」

京都大学は二〇一三年四月、幅広い知識と深い専門性、柔軟な思考力と実行力を備えたグローバルリーダーを育成するための新しいタイプの大学院を開設しました。5年一貫制の大学院「総合生存学館」、通称「思修館」です。

日本では古くから、聞いて得られる智慧《ちえ》を「聞慧《もんえ》」、思索によって得られる智慧を「思《し》慧《え》」、実践によって得られる智慧を「修慧《しゅえ》」、合わせて「聞思修《もんししゅう》」の智慧と呼びます。新しい大学院は、基礎レベルの「聞《もん》」はすでに身につけ、ここでは思索と実践を重視することから、思修館と名づけました。

最初は「このグローバル時代になぜ、英語の名前をつけないんですか？　思修館なんて古くさいでしょう」という声もありました。しかし、英語＝グローバルではありません。

先述のように、しっかりした「自」がなければ、「異」も「言」も自分のものにはなりません。この大学院の開設は、「異・自・言」力を鍛えるための象徴的な存在であり、私は英語の名前、カタカナ表記にはしたくありませんでした。

カリキュラムなどの詳細については後で述べるとして、まずは、この新しい大学院はどういうものか、設立の背景なども含めてお話ししたいと思います。

現在、日本の多くの大学では、学部で専門科目を学び、大学院では研究室に入り、より狭い領域の専門分野を研究します。このしくみが日本の学問や研究の発展を担い、これから先も大きな役割をはたしていくであろうことはまちがいないでしょう。

ただし、そのように専門に特化した知識だけでは対応できないことや解決できない難題がたくさんあるのも事実です。資源・エネルギー問題、人口・食糧問題、さらには地球温暖化の問題などは最たるものです。しかも、対策が急がれるものばかり。

しかし、多くの専門家はこれらの難題に答えられずにいます。東日本大震災や原子力発電所事故では、多くの科学者が沈黙してしまいました。長期にわたる事故処理や放射能汚染の問題にも、有効な手立てや道筋を提示できずにいます。原発の問題は理学、工学分野はもとより、エネルギー、食糧、都市、被災者などさまざまな視点から考える必要があります。医学、農学、社会学、心理学などの知識も必要です。

しかし、現実は、自分の専門領域については語れても、専門外や多くの領域にまたがる複雑な問題になると、とたんに寡黙《かもく》になる。分野横断的な知識が乏《とぼ》しいからです。

また、日本人は諸外国の研究者に比べて、異説に寛容ではありません。同調圧力が強く〝ムラ社会〟を形成しやすい。批判を恐れ、過剰に空気を先読《さきよ》みするところがあります。その結果、地震などの専門家は、今回の未曽有《みぞう》の大災害が起こり得ることを予見していましたが、政府や事業者はそれを活用しなかった、あるいはできなかった。これは、ある意味で狭い専門分野を深く掘り下げることの限界を示しています。

このことは、大学院卒の就職難の問題にも深く関係してきます。大学院重点化で博士課程進学者が増えたので、産業界に採ってくださいとお願いしても、「ドクターは使いものにならないから要《い》らない」と言われます。

先述のように、博士と言っても研究しているのは針の先のようなきわめて狭い分野です。それをひたすら、深く深く掘るわけです。もちろん、本人はそれに誇りを持っているし、自信もあります。企業に就職しても、その知識のみならず、未知・未開発なものにチャレンジし、成功した経験を活かせるはずです。

しかし、現実は、自分の能力が活かせる仕事は少なく、「私はこんなことをするために大学院まで行ったわけではありません」というミスマッチが起こりやすい。しかも、日本の産業界は新卒一括採用ですから、学部卒に比べて年齢が上の大学院卒は人件費もかかる。だから「使いにくい」となる。

産業界は、専門能力の高い人材は欲しいのです。ただし、それは狭い領域の専門家ではない。樹木《じゅもく》にたとえるなら、小枝《こえだ》の先の1枚の葉のような専門家ではなく、幹《みき》に近く太い枝のような専門知識を持っている人が欲しいのです。具体的には、たとえば「工学の人を採っても、工学以外に政治、経済も理解している人がいい。欲しいのは営業でも、世界に出しても使えるようなグローバルに活躍できる人材」です。

一言で言えば、前に述べた「異・自・言」力を高いレベルでマスターし、なおかつ太い枝の専門性を備えた次世代型のグローバルリーダーです。学部で学ぶ教養をさらに深掘《ふかぼ》りし、あまり細かい専門の枝先ではなく、太い枝レベルの専門性も獲得している人です。産業界は、彼らに改革・躍進の担い手になってほしいと期待しているわけです。

時代が求める、新しいリーダー像

かつて、日本には総合文化人とでも呼ぶべき知の巨人たちがいました。たとえば、京都大学には西田幾多郎、田辺元《たなべはじめ》、波多野精一《はたのせいいち》、和辻哲郎《わつじてつろう》、三木清《みききよし》ら哲学科を中心に京都学派と呼ばれる人たちがおり、あえて東京からは距離を置き、さまざまな分野について、時流に流されることなく、時には強く抗《あらが》いながら、国に対しても頂門《ちょうもん》の一針《いっしん》となるような意見を堂々と述べました。彼らは、明らかに時代のリーダーでした。

現代社会は、高度な専門分野が複雑に関連して動いています。ですから、そこで発生した地球規模での資源問題や環境問題などを解決するには、より高度で俯瞰《ふかん》的な視野や視点、柔軟な思考力が必要になります。同じことは、グローバル化が激烈な勢いで進展するビジネスの世界でも言えます。ハイレベルな学識に裏打ちされた高度な俯瞰力（高い「異・自・言」力＋太い枝の専門性）がないと、世界で戦えない時代になっているのです。

新しいリーダーの育成は、日本が国際的なイニシアチブを取り、プレゼンスを発展させる上で喫緊の課題です。しかし、そうした人材を育成しようにも、従来の教育の枠組みでは限度があります。経営大学院や公共政策大学院などが一部に存在しますが、時代が求める高度な俯瞰力まではカバーできない。たとえば、公共政策の人に「医学の基本的な知識も欲しいよね」と言っても無理なわけです。

ならば、新しい大学院を作りましょう、ということで設立したのが、文理融合の分野横断型大学院である総合生存学館、通称「思修館」なのです。

政府も私たちと同様の危機感から、大学院改革の一環として「博士課程教育リーディングプログラム」を公募し、京都大学もオールラウンド型1件、複合型3件、オンリーワン型1件の計5件が採択されました。ただし、これは7年間の限定的な財政支援です。助成期間終了後も、継続的に高い俯瞰力のある人材を育成するには、大学院を新設したほうがいい。そういう判断もあり、思修館の開設に至ったわけです。

専門研究を2年間で修了する理由

思修館は5年一貫教育で、定員は年20人。授業は基本的に英語です。入学は京都大学のみならず、どこの大学からも受け入れますが、入学には基礎学力試験、論文試験、口頭試問のほか、原則TOEFL iBT80点以上が必要です。合宿型研修施設「廣志房《こうしぼう》」で共同生活をしながら、切磋琢磨《せっさたくま》することになります。

通常、大学院は、修士課程2年と博士課程3年に分かれ、計5年かけて博士論文を書きます。しかし、思修館では、最初の2年で自分の専門的な研究をほぼ終え、博士論文の草稿を仕上げてしまいます。そして、草稿の予備審査を受け、合格者のみ三年次に進学する。三年からは、高い俯瞰力を身につけるための高度な教養科目などを幅広く学びます。

なぜ、専門研究をほぼ2年で終えるのかというと、グローバルリーダーに必要なのは、目の前の問題を解決するための実用の学問だからです。実用の学問であれば、大学院で5年かけて学ぶような「厳密解《げんみつかい》(=厳密な意味で一番良い答え)」は必要ない。2年あれば身につく「近似解《きんじかい》(=ある程度良い答え)」で十分です。また、すぐれた学生であれば研究に打ち込めば、2年で十分に良い成果が出せると思います。

私が学部の四年生の時、こんなことがありました。研究室の指導教官から、数学の大変な難題を与えられ、「できません」と言うと「できるまでやれ」と言われました。しかし、どう考えてもできない問題でしたから、「先生、できないことを証明します」と数学を使って実際に証明したのです。ところが、先生は「それでもやれ。やらないと工学としてはだめだ」と言われるのです。開き直って言いました。

「先生、インチキ（近似解）でいいですか。証明したように、厳密には絶対できませんから」

するとと先生は、こう言われたのです。

「理学と違い、工学に厳密解は必要ない。工学は実用の学問で、近似解だけでも世の中には使えることがたくさんある。だから、この問題を解《と》きなさい」

当時は大学院へ進まず、就職するつもりでいました。でも、この難題を解かないと卒業できない。四年の秋から冬にかけて、必死で取り組みました。しかし、モンテカルロ法（乱数を用いたシミュレーションを何度も行なうことで近似解を求める計算手法）で改めてできないことを証明しただけでした。しかも、英国の数学誌に、私と同じ方法でできないことを証明している論文があることもわかった。先生に言ったら、「そこを越えるのが工学部や」と許してくれません。とうとう年越しです。

ところが、解決のヒントは意外なところにありました。正月のことです。数学の難題が頭から離れず、困ったたな、と思いながら電車に乗っていると、初詣《はつもうで》帰りとおぼしき晴れ着姿の女性が乗車してきました。その刹那《せつな》、パッと閃《ひらめ》いたのです。

難しい数学の話なので詳細は省きますが、その女性の所作《しょさ》のなかに数学的なヒントがあり、すぐさまバッグからノートと鉛筆を取り出し、この難題に取り組んだところ、拍子《ひょうし》抜《ぬ》けするほど簡単に解けてしまったのです。

これをまとめた卒業論文は、私の最初の学術論文となり、英国の専門誌（Journal of ACM）に掲載されました。私は、研究は大変だが、一点突破で行なえば何とかなる、もうすこし大学に残って勉強するのもいいかなと思い、方向を転じました。

大学院では、宇宙をテーマとする前田憲一《まえだけんいち》先生の研究室に入りました。前田先生は、電《でん》離層《りそう》研究や黎明期《れいめいき》の日本の宇宙開発の中心人物で、世界的な学者でした。

一点突破の成功体験は大きく、修士課程の一年の夏休みには、修士論文を書いてしまいました。米国のカリフォルニア大学バークレー校主催の「オーロラ粒子《りゅうし》の磁気圏《じきけん》プラズマ中の挙動《きょどう》の計算」に関するシンポジウムのために、論文を書いて投稿したら、これが受理されたので、その研究で修士論文の草稿を仕上げたのです。

後は左団扇《ひだりうちわ》で遊ぶつもりでいたのですが、米国留学から帰ってきた研究室の別の先生の指導で「新たなテーマをやりなさい」と言われ、遊ぶどころではなくなってしまった。やれやれと思いながら、修士二年の夏休みまでに、「宇宙プラズマ中の電子ビームなどが引き起こす不安定性についての理論計算」で修士論文をまとめました。

今度こそ左団扇で、すこし遊んだら就職の準備をしようと思っていました。ところが、前田先生から「京大が科学衛星を作るから大学に残りなさい」とのお話をいただき、修士課程を修了して、そのまま教員の道に入り、今日に至ります。博士学位論文は教員の仕事をしながら提出し、受理されました。

学部、大学院と先生方にはずいぶん鍛えられましたが、道をつけていただいたことには深く感謝していますし、ひとつのテーマに絞り、一点突破であればたいていの問題は短い期間で解けるということも学びました。

5年間で、徹底的に鍛える

余談がすぎましたが、要するに、厳密解を得るには5年必要かもしれません。近似解であれば、一点突破で2年もあれば十分なのです。思修館で、専門の研究テーマを二年次までに究めるのはそのためです。カリキュラムを概観《がいかん》すると、次のようになります。

一、二年次は、「専門科目特別研究」というプログラムで、学位論文研究のほか、社会貢献をしながら学ぶ体験教育として、一年次は国内、二年次は海外でサービスラーニング（奉仕活動等を通じた学習）なども行ないます。産業界の現役のリーダーの方などを講師として、ディベートによる問題の深掘りや問題解決のための体験的な方法論などを学ぶ「熟議《じゅくぎ》」という授業も用意しています。

二年次の終わりには、中間検査（第一次 Qualifying Examination）として、学位論文草稿の予備審査が行なわれ、合格者のみが三年次に進みます。

三年次は、「総合学術基盤講義」で、高い俯瞰力を身につけるために高度な教養科目を幅広く学びます。私が「八思《はっし》」と名づけた、思修館特有の分野横断型総合科目で、①医薬・生命、②情報・環境、③理工、④人文・哲学、⑤語学、⑥芸術、⑦経済・経営、⑧法律・政治の8分野を指します。出身学部の専門分野以外の7分野×各2科目で計14科目を履修します。グローバルリーダーに必須の主要専門分野の基礎を、文理それぞれの専門を超えて学ぶわけです。

三年次修了時には、進学審査（第二次Qualifying Examination）として、学位論文草稿、「八思」の成績表、語学の成績の審査と口頭試問があり、合格者のみ四年次に進みます。

四年次は、「国際実践教育（海外武者修行）」で、京都大学の費用で海外の研究機関や国際機関に派遣され、「異・自・言」の「異」「言」を鍛えると共に、現場で問題解決能力を養います。

帰国後の五年次は、「プロジェクトベースラーニング」が要求され、4年間の知見と経験を活かして、自らプロジェクトを企画立案し、国内外の関係者を巻き込んで実践します。自発的に動かなければリーダーは張れません。ですから、大学からは金も出さない、口も出さない。企画から人集め、金集めまで全部自分で考えて、交渉し、発信し、実行してもらいます。

以上の課程を修め、TOEFL iBT100点以上相当の修了要件と共に、学位論文の審査に合格すると、「京都大学博士（総合学術）／英文名称Ph.D (Doctor of Philosophy)」の学位が与えられます。

それは一点突破の〝針士〟ではなく、その上に八思や海外修業、プロジェクト実践などを通じて高度な教養を身につけた、文字通りの博識の士・哲学博士としての学位です。そのプレミアムをぜひ、評価していただきたいと思います。

学寮《がくりょう》で、知と胆力《たんりょく》を鍛える

思修館の大きな特徴は、①テーラーメイド型教育、②メンター・複数指導教員制度、③学寮制（合宿型研修施設の提供）の三つにあります。

ひとりひとりの専門性や適性などを踏まえ、志《こころざし》を受け止めた上で、目標実現のために何をどう学ぶべきかを話しあい、個々にカリキュラムを設計します。メンターおよび研究指導教員や教育指導教員による複数指導教員体制を構築し、5年間ていねいにサポートします。

また、大学院としては画期的《かっきてき》な学寮制により、さまざまな学問的背景を持つ学生どうしや学内教員、学外講師との討論や議論を通して、多様で柔軟な思考力と実行力の涵養《かんよう》が期待できます。寮には、21時まで教員が交代で詰めています。1日中、研究や議論ができる生涯の友も得られるでしょう。

教員と学生（院生）との出会いは、学生にとって、時として運命的な出会いになります。私も学部の四年次、大学院ですばらしい恩師に恵まれました。恩師と一対一で対面対話や学術の話をするだけでなく、人間どうし、熱い議論や当時まったく知らなかった恩師らが経験された国際舞台での活躍の話などに夢中にもなりました。

週に一度、直接の指導教員ではなかった大林辰蔵《おおばやしたつぞう》教授から、3センチほど厚味のある論文集を手渡され、次の週までに読んでその内容を教授室で報告させられました。報告が終わると、「よくできました。それでは先斗町《ぽんとちょう》でも行きましょう」と毎週のように食事に連れて行ってもらい、いろいろな人生話を聞かせてもらいました。

私は、学内では前田憲一先生、大林辰蔵先生、加藤進《かとうすすむ》先生、木村磐根《きむらいわね》先生の4人の恩師に育てていただきました。もちろん、学外の尊敬する多くの先生方にも、産業人からも、たくさんのことを学びました。思修館の学生も、合宿型研修施設「廣志房」で恩師を見つけ、多くの教員から多くのことを吸収してほしいと願っています。

リーダーには、責任を取れる行動力が必要です。それには、厳しいとは思いますが、24時間課題と向きあい、勉強できる学修と修練の場が欠かせません。英国のオックスフォード大学やケンブリッジ大学、米国のリベラル・アーツ系の大学などの寮も同様です。

思修館の学生には、卒業したら、すぐに政界でも産業界でも活躍できるだけの幅広い知識と専門性に加え、〝肝《きも》の太さ〟も鍛えてほしいと思います。肝の据わった人間は、少々のことでは動じないし、何より自分の責任に厳しいものです。最近は、責任回避の人が多い。私はこれをやります、と言った以上、責任を持ってやり遂げなければなりません。できなければ、腹を切るくらいの覚悟が必要です。リーダーには、教養や専門性だけでなく、いざとなったら命を賭《と》してでも事《こと》に当たるだけの胆力が要《い》るのです。

思修館の5年間は厳しいです。すこしでも気を抜けば、取り残されてしまうでしょう。しかし、その厳しさに耐え、乗り越えてこそ、真のグローバルリーダーになれるのです。

「総合生存学」とは何か

思修館の正式名称は「総合生存学館」、これは読んで字のごとく、総合生存学を学ぶところです。では、「総合生存学」とは何か？　私たちは、次のように定義しています。

「人類と地球社会の生存」を基軸に、関係する諸々《もろもろ》の学問体系の「知」を結び、編《あ》み直し、駆使することで複合的な社会課題の発掘・分析と定型化・構造化を行ない、社会実践までの解決を探求する学術の総体であり、「生存知《せいぞんち》の構造化と公共化」を対象とする総合学術――である。

何やら堅苦《かたくる》しい表現で、よくわからないという方もいらっしゃるでしょう。もうすこしわかりやすくお話しします。

地球は、よく宇宙船にたとえられます。私たちは、この宇宙船地球号の住人であり、この船のなかでしか生きられません。この船は今、地球温暖化や環境、資源、食糧問題、人口爆発などさまざまな難題に直面しています。総合生存学とは、一言で言えばこうした難題を抱える私たち人類が、「どうすれば危機を乗り越え、生き延《の》びることができるか」を考える学問です。これまで体系的ではなかった学問分野で、既存の学術を総合し、具体的な課題解決に向けた方法論を見つけるために構想されたものです。

最近は、サスティナビリティ（持続可能性）ということがよく言われます。この言葉は注意が必要です。人口《じんこう》に膾炙《かいしゃ》すればするほど、あたかも中世の免罪符《めんざいふ》のように、困難がたやすく克服できるような幻想を人々に与える恐れがあるからです。

現実はきわめて深刻です。このままでは、早ければ40年以内に、遅くとも100年以内に、人類の生存が脅《おびや》かされるとされています。地球上に存在する限りあるものは、使い続ける限り、いつかは必ずなくなります。可採《かさい》年数は金、銀で約20年、銅で約30年、石油で約50年、天然ガスで約60年とされています。限りのあるものを消費し続ける人間活動には自《おの》ずと限界があり、持続可能性はないわけです。サスティナビリティという言葉はそれをごまかしています。

簡単な計算をしてみましょう。水、食糧、工業用資源などの物資が、どの程度必要とされるかは、ほぼ経済活動に比例します。仮に、先進国が10、途上国が1の生活水準にあるとします。先進国の人口は現在約10億人、途上国は約60億人。50年後、先進国の人口は出生率が低いので、おそらくあまり変わらないでしょう。しかし、途上国は人口爆発が起き90億人くらいになると見られています。

途上国の生活水準が3倍に上がるとすれば、現在の100+60=160（※先進国10億人×10=100と途上国60億人×1=60の合計）が、100+270=370（※先進国10億人×10=100と途上国90億人×3=270の合計）と約2・5倍になります。今のペースでいけば、地球は2・5個必要になるのです。

経済成長は、人類の成長のためにあります。しかし、そのために人類が努力すればするほど、実は滅亡に向かって突進しているのです。マクロの視点に立てば、明らかです。

人口は、ある時期を過ぎると指数関数的に増えていきます。利息の複利《ふくり》計算のような急カーブを描くのです。このまま進めば、人間を取り巻く環境は急速に悪くなります。私は今こそ、人間社会の「サスティナビリティ」よりも人類の「サバイバビリティ」、つまりいかに生き残るかを真剣に考えるべきだと思います。

総合生存学とは、そのためにあらゆる角度から学問を総動員して、どうしたら人類が生き残ることができるのか、それを考える学問です。法律だけで生き延びられるわけがないし、工学だけで解決するはずもない。農学も医学も哲学も社会学もすべて総動員しないと、とても太刀打ちできません。人類が直面する究極の難題であり、知を総動員してベストソリューションを見つけ出すしかないのです。

しかし、ここで注意しないといけないのは、サバイバビリティへの取り組みが弱肉強食の世界になってはいけないということです。誰かが生き残るために、誰かが犠牲になるようなことがあってはなりません。

欧米では、「勝てばいい」と競争社会を賛美する考えが依然として根強い。リーマン・ショックのように、個人の欲望が暴走した結果、世界経済が大混乱する事態も起こり得ます。知を総動員し、欲望の暴走を抑え、環境権、生存権など人権にも配慮した、みんなが生き残れる方策を考えないといけません。

そして、それを実現するにはすぐれたリーダーが必要です。日本でも世界でも、いよいよ生存の危機が迫ってくれば、「俺だけ生き延びられればいい。ほかは死んでも知らん」という人間が必ず出てきます。これを抑えるには、強力なリーダーシップが不可欠です。

二〇一〇年、チリの鉱山落盤事故で、地底深くに33人の作業員が閉じ込められ、69日後に奇跡的に全員地上に帰還するという世紀の救出劇がありました。これが成功したのは、現場監督であるルイス・アルベルト・ウルスア氏が傑出したリーダーシップを発揮し、絶望の淵《ふち》でいかに生き延びるかを考え、みんなをまとめあげ、鼓舞《こぶ》し続けたからです。もし、リーダー不在で、みんなが自分だけ助かりたいと、限りある水や食糧などを奪いあっていたら、共倒《ともだお》れで全員死んでいたでしょう。

私たちが直面している人類の危機も同じです。難破《なんぱ》しかかっている地球という船を、そのような人間どうしの醜《みにく》い争いのはてに、海の藻屑《もくず》にしてはいけません。

私は、人間にとって究極の問いとは、「我々は何者なのか。どこから来てどこへ行くのか」「我々は何のために生きているのか」に尽きると思っています。答えはひとりひとり違っても、高い志を持つには、この問いと向きあわなければいけない。

ひとつの可能性として提示したいのは、地球環境への負荷《ふか》を減らせるような生活様式や人生観、世界観を広めることです。その点、「和《わ》の精神」「もったいない」など、日本社会に伝統的に根づいている価値観は、人類のサバイバビリティに希望の火を灯《とも》し得ると私は考えています。基本に立ち返り、人と人の関係を大事にする哲学を考えるべきです。みんなが生き延び、幸福になれる哲学を科学技術にも取り入れないといけないでしょう。それには、研究者である前に人間でなければいけないと思います。

思修館で学ぶ学生たちには、和の発想を基盤とした総合生存学をぜひとも創生《そうせい》し、日本の生存、世界のサバイバビリティを保証するために貢献してほしいと思います。

（4）研究者育成

若手研究者を支援する「白眉《はくび》プロジェクト」

中国・三国時代、蜀《しょく》の馬氏《ばし》の5人兄弟はみな秀才だったが、眉《まゆ》に白い毛が混じっていた馬良《ばりょう》がもっともすぐれていた——。この故事から、一番優秀な人を「白眉」と言います。「白眉プロジェクト」はその名の通り、次世代を担う世界レベルの優秀な若手研究者の育成を目的に、二〇〇九年度にスタートさせた支援事業です。

学問分野や国籍を問わず、国際公募を行ない、毎年最大20人を年俸制特定教員（准教授、助教）として採用しています。所属は、京都大学白眉センター。任期は、最長5年です。採用されると、自分の選んだテーマを、本人が希望する国内外の研究場所で行なうことができます。東大でも、ケンブリッジ大学でも、MITでもかまわない。

条件はただひとつ、「京都大学白眉センター研究員」の立場で活動すること。これさえ守れば、どこを研究場所にしてもかまいません。しかも5年間、雑用や義務が皆無《かいむ》のほか、研究活動報告と研究成果発表以外は、中間評価や事後評価もいっさいなし。5年間の身分と待遇（給与＋研究費）が安定的に保障されますから、ひたすら研究活動に専念できます。

もうすこし具体的にお話しします。今、有期雇用の多くの若い研究者は、3年の仕事を探すのに必死です。研究論文を一生懸命に書き、審査に通ったら、「これで3年食える」と一息《ひといき》つく。ところが、3年目には、次の仕事を探さなければいけない。だから、3年目は研究ができません。また、書類を書いて仕事探しです。これでは、かわいそうです。

その点、白眉プロジェクトは5年間、申請書を書く必要がありません。最初に採用されたら、途中で評価を受けることはありません。今は何かと評価、評価とうるさい。そのための大量の書類を作らなければいけない。そんなことで、いい研究などできるはずがありません。だから、評価はしない、採用されたら5年間は好きなように研究してください、ということです。

大学の教員ですから、研究一本ではなく教育もしたければ、それも可能です。しかし、義務ではありません。研究は好き放題です。しかも、給料と研究費は大学が出します。1

人1年間約1000万円ですから、100人採用すれば10億円。けっして安くはありませんが、世界レベルの若手研究者の支援はそれだけの価値があると判断したのです。

幸《さいわ》い、二〇〇九年に公募を始めて以来、多くの若手研究者に注目していただきました。これまでの採用実績（二〇〇九〜二〇一二年）は、応募者総数2176人、採用者総数74人（倍率29・4）、うち外国人14人となっています。

人事は、大学本部が直接行ないます。白眉プロジェクトで求めているのは、専門領域の卓越した能力はもとより、地球温暖化や資源、食糧、人口問題など人類が直面しているさまざまな難題にも、自分の専門性をベースに、独自の視点で切り込める研究者です。人間的な魅力、学問への情熱、次世代リーダーとしての資質なども、もちろん見ます。

若いうちは、自分の専門ばかりで他分野のことを考える余裕がない。私もそうでした。でも、それではいけない。その点、自分の専門だけでなく、視野の広さも持つすぐれた研究者が集《つど》うようになれば、さまざまな議論が可能になり、必ず自分の研究にもプラスになります。針山のてっぺんだけを目指すのではなく、文理融合、分野横断的に物事を見たほうが、研究者としても必ず伸びます。

かつて、京都大学には、教員が部局を超えて議論しあう気風がありました。文学部と工学部の教員が膝《ひざ》を突きあわせて語りあえば、おたがいの視野が広がります。しかし、現在こうした光景はなかなか見られなくなりました。専門分野の細分化が進む今こそ、分野の垣根《かきね》を超えた議論が必要です。白眉プロジェクトで採用の際、すぐれた専門性に加えて分野横断型の総合生存学的な視野の広さも求めるのは、そのためです。

白眉な人材に来てもらうには、採用する側の力量も問われます。採用枠に対して応募が多く、しかも研究領域は多様で、きわめてハイレベルです。これを、書類審査と面接で絞り込みます。面接は1人およそ1時間、多くの面接官（審査員）の前で行なわれます。審査は、京都大学や他大学の先生や官僚ＯＢ、財界の方々にもお願いし、50人ほどのチームで行ないます。

面接の最後は、私が英語でひとりひとり行ないます。その際には、誰もしないような質問をぶつけます。たとえば、

"How many books do you read a day?"（本を1日に何冊読みますか？）

すると多くの人は、

“A day?”（1日にですか？）と聞き返します。

そして、たとえば「1週間に3冊だから1日だと……」と頭のなかで計算し、「0・43冊です」などと答えます。でも、そういう人は頭の柔《やわ》らかさに欠けています。

実は、この質問はおかしいのです。read は人それぞれで、読み方は千差万別です。なのに、熟読する冊数で答えるのを自明《じめい》のこととして問うている。そのおかしさに気づき、たとえば、「私は1日4、5冊の本にざっと目を通すのを日課としていますが、ある1冊の本については、冒頭の禅僧の言葉をこの3年間、毎日繰り返し読んではその意味を考え続けています」とでも答えてくれたら、「お、おもろいな」と思います。瞬時に質問意図を感じて答えられる能力があるか、それを見ています。

私の面接ではそういう質問が多い。合格者からは、「総長の質問が一番難関だった」とよく言われます。でも、そういう反射神経や柔軟性がなければ、物事を多面的にとらえたり、深掘りすることができません。自分の専門領域は針山のてっぺんです。スリット（狭い隙間《すきま》）を通した世界だけを見ていたら、ダメなのです。

海外経験を支援する「ジョン万プログラム」

京都大学は、次世代のグローバルリーダーとなる人材の育成を目的として、京都大学若手人材海外派遣事業「ジョン万プログラム」を二〇一二年度より開始しました。これは、海外での研究・学習の機会を得ようとする若手研究者（教員）、学生、職員を支援し、国際的な活動を奨励・促進することを目的とする全学的プログラムです。事業名に付《ふ》した「ジョン万」とは、みなさんよくご存じのジョン万次郎のことです。

ジョン万次郎（一八二七〜一八九八年）――本名・中浜万次郎《なかはままんじろう》。14歳で出漁中、嵐に見舞われ遭難するが、米国捕鯨船《ほげいせん》に救助され九死に一生を得ると、米国へ渡り、英語や数学、測量、航海術、造船技術などさまざまな学問を学ぶ。その後、近代日本の黎明期《れいめいき》に英語学者、通訳として日米の架《か》け橋《はし》となり、幾多《いくた》の業績を残す――。

ジョン万プログラムは、数奇《すうき》な運命のなかで自らの道を切り開いたジョン万次郎にならい、個性を活かして、世界で活躍できる若手人材の育成を目指しています。

第一章、第二章を通じて、海外留学したがらない日本人の内向き志向について述べましたが、京都大学の学生たちの海外留学への希望・関心は、「ある」が全体で49・3％（学部46・3％、修士51・0％、博士60・1％、専門職54・1％）を占め、けっして低くはありません（京都大学「京都大学学生生活白書」二〇一一年）。

ただし、前にも述べたように語学力や経済的要因、帰国後の進学・就職への不安、大学側のサポートなど、その実現の妨《さまた》げになっている面は京都大学でもあります。そこで、海外で研鑽《けんさん》を積みたいと希望する若手人材を何とか応援しよう、ということで始まったのがジョン万プログラムです。

学生だけでなく、若手研究者や職員も対象とし、海外の大学などの研究機関や国際機関に多様な形で滞在できるように、渡航だけでなく、派遣元研究室の人的《じんてき》負担の軽減などの環境整備も支援しています。

学生だけでなく、若手研究者も海外へ行きたがらなくなって久しいですが、理由はふたつあると思います。

ひとつは、前にも述べたように、日本が豊かになり、苦労して欧米に留学する意味を認めにくくなったことです。海外の論文などもインターネットで簡単に手に入るようになりました。研究環境が昔とは違うのです。

もうひとつは、派遣元研究室の人的負担です。昔は、ひとつの研究室に教授が1人いて、その下に助教授が1人もしくは2人、その下に助手が2人もしくは3人いました。誰か1人欠けても、ほかの人たちでカバーできるので全然問題なかった。その分、研究者として大成《たいせい》するのに必要とされる競争は大変でしたが、スタッフの余裕はありました。

しかし、今は教授1、准教授1、助教1が標準で、研究室によっては教授1、助教1、准教授0です。乏《とぼ》しい教員数でやりくりして授業、実験、講義などをしています。ただでさえ、人手不足なのに抜けられたら困ってしまいます。海外へ行きたいけれど、行ったら迷惑がかかるし、白い目で見られるし、帰って来たら何を言われるかわからない。だから、行かない、となってしまう。

海外への意欲があるのに、このような理由で行けないのはいかにも残念です。若手研究者の支援に派遣元研究室の人的負担の軽減（＝代替要員の経費負担）を入れたのは、こうした状況をすこしでも改善し、海外への挑戦をサポートしたいからです。

大学が継続的に若手人材を派遣できる体制を整備すれば、グローバル人材が育つだけでなく、彼らが海外で培《つちか》ったグローバルマインドと国際的ネットワークが基盤となり、卓越した知の創造大学としての京都大学のプレゼンスを高めることも期待できます。

たとえば、准教授の時に海外に行けば、一番多くつきあうのはやはり准教授レベルの人たちです。彼らは、米国や英国などでだんだん偉くなっていきます。そのネットワークは大変な財産で、国際交流と国際共同研究につながります。職員にしても、学生にしても同じです。帰国後、その経験を大学にフィードバックしてもらい、また次の世代を送り出す。こうして、若手人材が海外経験を通じて成長すれば、京都大学の〝足腰〟もどんどん強くなります。ジョン万プログラムは、そのためのしかけなのです。

新しい学問が生まれる「学際融合教育研究推進センター」

学問は変容します。しかも、どんどん速くなっている。それに遅れることなく併走《へいそう》し、なおかつ新たな独自の発想、着想を得るには、既定の学問の枠組みのなかだけにいたのでは、どうしても限界があります。そこで、大事になるのは学際領域の知見です。

たとえば、宇宙であれば、宇宙工学、宇宙プラズマ物理学、宇宙通信……など、宇宙○○と名のつく学問分野がたくさんあります。京都大学でも、それぞれの専門家が理学部にいたり、工学部にいたり、研究所にいたりして、各々《おのおの》の立場で宇宙を研究しています。それこそ、文学部で宇宙哲学を研究している人もいます。

ですから、「宇宙」をキーワードにして、研究者が集まって、いろいろ話をすれば、学際領域の知見が刺激となって、これまでにない新たな研究活動につながる可能性がありま す。しかし、京都大学にはそういうしくみはありませんでした。学会では顔を合わせるけれど、学内で集まる機会はなかったのです。これは宇宙に限らず、どの研究分野でも状況は同じです。

そこで、京都大学では、新たな学際領域の研究グループやプロジェクトの結成を促し、一定の審査に合格したものについては、「ユニット」という大学の正式な組織として認定することにしました。ユニットは、二〇一四年一月現在、「宇宙総合学研究ユニット」「先端医工学研究ユニット」「生命科学系キャリアパス形成ユニット」「極端気象適応社会教育ユニット」など、計27を数えます。

さらに、二〇一〇年三月、異分野の連携・融合により学際領域を開拓する場、学問をつなげて新たな学問を作る場として、「学際融合教育研究推進センター（以下、学際センター)」を設置しました。

これは、学際領域の研究者を育てるための組織間の〝横串《よこぐし》〟を専門に扱う学内のイノベーションエンジンで、具体的には専門分野を超えた教育・研究グループを生み出し、その活動を支援する専門の組織です。ユニット群は学際センターの下《もと》で活躍しています。

学際センターが行なったアンケート調査では、異分野交流への参加意欲は8～9割ときわめて高いのに、実際に交流する機会は少ないと感じている教員が4～5割を占めました。同じ大学にいるのに、これではいかにももったいない。

そして、異分野交流を深めるため、学際センターでは、まずさまざまな分野から人が集まる「出会い」の場として、誰でも参加できる「分野横断交流会」を毎月開催しています。

また、新しい研究グループやプロジェクトの立ち上げを支援するために、ワークショップや異分野研究者がチームを組んでA3用紙1枚で応募する「学際研究着想コンテスト〝1枚で伝えるイノベーション〟」を開催するなどしています。

学際センターは、ユニットが外部資金の獲得などの成果を挙げた場合、その一部を受け取り、これを別のグループやプロジェクトに投資することで、新たなユニットの誕生を促します。このサイクルを回すことで、知の越境と融合を促進し、学際領域の研究者を育てていく――。これが運営のしくみです。

日本は、以前より学際領域の教育研究が弱いと言われてきました。京都大学が、思修館や白眉プロジェクトなどの分野横断型の学際領域の教育研究に力を入れているのは、そうしたこの国の喫緊の課題に応《こた》えるためでもあります。

学際センターの活動を利用して、大いに学際領域へチャレンジしてほしいと思います。

（5）産官学連携

iPS細胞と知的財産権

大学にとって、研究成果の活用、社会への還元は、教育、研究に続く第三の責務です。

産官学連携は、その第三の責務を果たすための重要な活動です。

京都大学は、二〇〇一年に「国際融合創造センター」を設立し、産官学連携事業がスタートしました。その後、さまざまな組織改革後、二〇〇七年七月に「産官学連携本部」が発足。二〇一〇年四月、二〇一一年四月の組織改編を経て、現在の体制に移行しました。

産官学連携事業の核心は「基本特許の発掘・育成・ライセンス化・ベンチャー起業」と「産業界との共同研究の推進」のふたつにあると考え、それを実現するための、シンプルで一元化された機動性の高い組織運営に取り組んでいます。

産官学連携の中心課題は、プロパテント（知的財産権全般の保護強化）ですが、従来、大学にとってはなじみの薄い活動領域であり、大学と産業界が共に成果を享受し、社会に貢献する連携のあり方について、さまざまな模索と試行が続いています。

京都大学でも、たとえば、山中伸弥教授によるiPS細胞技術を一刻も早く普及させ、患者さんに届けるため、知的財産（知財）を適正な価格で広く世界に利用してもらうしくみ作りに取り組み、これを実現しました。

誰かが特許を占有し、高額な知財料を取ってしまえば、iPS細胞を使った治療が受けられるのは一部の富裕層で、一般の人はその恩恵に浴《よく》せません。それを避けるには、大学が知財をきちんと管理、活用できるしくみが必要です。

しかし、そのための事業会社を大学が直接設立することは法律で禁じられています。そこで、京都大学は、法律で認められた中間法人を活用することにしました。二〇〇八年五月、京大がガバナンス（管理、統治）する「中間法人iPSホールディングス」を設立、この中間法人の100％子会社として翌六月、「iPSアカデミアジャパン株式会社」を設立したのです。このようなしくみに先例はなく、すべてゼロからの構築でした。

同社は設立以来、iPS細胞関連の知財を国内外で幅広くライセンス契約する活動などを行なってきました。アル・ゴア元米国副大統領が顧問を務める会社との間で特許論争が持ち上がり、私もゴア氏と電話で直接、議論しましたが、最終的にはこちらの主張が認められました。成果は着実に挙がっており、これまでに国内大手製薬会社を含む80社を超える国内外企業との間で、ライセンス契約を締結しています。

京都大学にはiPS細胞以外にも数多くの知財があり、最近は知財収入の伸びも顕著です。二〇一一年度には、844件の共同研究および500件を超える出願があり、特許権実施等収入は約2億2000万円を記録しました。これは、日本の大学ではトップで、米国の優秀な大学とも比較できるレベルです。

今後の課題としては、京都大学発の基本特許によるベンチャー起業・育成が挙げられます。この点に関しては、産業界との共同研究の促進のために注力してきた国際連携ネットワーク作り（英国・ロンドンに欧州拠点を開設など）が功《こう》を奏《そう》し、国内の企業だけでなく、欧米の企業からもプロジェクトへのアプローチが急増しています。

実は、京都府は日本の産学連携の嚆矢《こうし》です。明治から大正、昭和の初期にかけて、京都大学には、起業精神に富んだ多くの人が勉強に来ました。堀場製作所、村田製作所、ローム、ニチコン……。創業者はみんな、京大の研究室に入っていました。ベンチャー精神を持った若い頃の創始者は、京大の先生と一緒に研究をしたのです。その知財を持って事業を立ち上げた。これが日本の産学連携の始まりです。

これらの伝統も踏まえて、京都大学は、ベンチャー起業のマインドを持った若者がひとりでも多く育つよう、共同研究の促進と共に、教育システムの充実にもいっそう取り組んでいきたいと思います。

京大と企業のコラボレーション

文部科学省は、独立行政法人科学技術振興機構と共に、二〇一三年度から「革新的イノベーション創出プログラム」を始めました。

これは、次に掲げるＣＯＩ（Center of Innovation）のビジョンにもとづき、10年後を見通した革新的な研究開発課題を特定し、既存の分野や組織の壁を取り払い、企業だけでは実現できないイノベーションを産学連携で実現することが目的です。

①「少子高齢化先進国としての持続性確保　Smart Life, Care Ageless Society」
②「豊かな生活環境の構築（繁栄し、尊敬される国へ）　Smart Japan」
③「活気ある持続可能な（Active Sustainability）社会の構築」

「必要は発明の母」と言いますが、まずビジョンを掲げ、その実現に必要な革新的イノベーションを創出していこうというのが、このプログラムの目的です。ビジョンがないと、研究成果が出ても、後づけで用途を探さなければなりません。実際、「発明が必要の母」

になっているケースが増えています。このプログラムは、それを国が主導して研究開発の本来あるべき姿に戻す試みでもあります。

大きな特徴は、大学と産業界（複数の企業）が、拠点となるひとつの建物に入り、文字通り〝アンダー・ワンルーフ（ひとつ屋根の下）〟で、研究課題に取り組む点にあります。

京都大学は、このプログラムの拠点公募において「活力ある生涯のための Last 5X イノベーション」拠点として、採択されました。

「しなやかほっこり社会の実現」をキーワードに、人が生涯にわたり尊厳を保ち、社会の一員として充実感を得ながら挑戦できる社会の実現を目指すものです。参加する企業は40社。実現すべき社会構造の夢を共有し、学問領域や業種を超えて分野横断的に連携して研究開発を行ない、その成果を広く社会に還元していきます。

二〇一五年春には、その拠点となる、国際科学イノベーション拠点が完成する予定です。

寄附講座と特任教授

今、大学は、国からの運営費交付金が減るなど、財政的に厳しさが増しています。このような状況で、企業からの寄附により運営できる寄附講座は大変にありがたい存在です。

従来、寄附講座と言えば、「人事は大学がやります。企業はお金だけください」が大原則で、それがルールでした。しかし、不景気が続くなか、「お金は出します。口は出しません」という気前のいい企業は減りました。「お金を出すからには、何かしらプラスがないと」――そう考える企業が増えたのです。

そこで、京都大学では、人事に関しては、大学と企業で協議して行なう制度に改めました。具体的には、企業が講座のテーマや外部の優秀な先生について提案（「こういうテーマはどうでしょう」「あの先生は優秀ですから雇《やと》いませんか」）をしたり、さまざまな意見や希望（「京大のあの先生と一緒に新しいものを作りたい」「京大のあの先生の下《もと》で助手として勉強したい」）を言えるようにしました。その結果、寄附講座は大きく増えました。

それにともない、学外からの特任教授や特任准教授の採用も増えました。有期雇用で、たとえば5年間など、先生方にはその任《にん》をしっかり務めていただきます。

寄附講座は、単に大学の財政に寄与するだけでなく、産学連携を通じて社会との接点を増やし、研究成果の活用、社会への還元にもつながります。より良い形での寄附講座のあり方をこれからも考えていきたいと思います。

(6) 機構改革

総長(学長)の権限

溜《た》まっている水は腐《くさ》ります。常に動いていないといけません。これは、学問や教育の世界も一緒です。「不易流行《ふえきりゅうこう》」という松尾芭蕉《まつおばしょう》の言葉があります。いつまでも変わらない本質的なものを大事にしつつ、新しいものも取り入れていく。蕉風俳諧《しょうふうはいかい》の理念のひとつで、変えてはいけないものと新たに取り入れるべきものは表裏一体だと思います。

教育の世界では、「時代に応じてコロコロ変わるのはよくない」という議論がありますが、時代と共に変わるものがなければ、守るべき不易の部分も壊れてしまいます。

その意味で言えば、ここまで述べてきた京都大学の改革は、まさに不易流行の試みですが、必ずしもスピード感を持って進めるべき改革ができているとは言い難い。それは突き詰めて言えば、総長（学長）権限と教授会自治という、この国の大学が抱えるガバナンスの問題に行き着きます。学長が改革をしようと思っても、なかなかリーダーシップが発揮できない。そういうしくみになっているのです。

日本の大学のガバナンスは、教学面と経営面で別々の法体系に規定されています。教学面では、すべての大学に共通するものとして「学校教育法」があり、経営面については、国立大学は「国立大学法人法」、私立大学については「私立学校法」に規定されています。

国立大学の場合、これらの法律では、学長をこう定義しています。「学長は、校務を司《つかさど》り、所属職員を統督する」（学校教育法第九十二条第三項）、「学長は、学校教育法第九十二条第三項に規定する職務を行なうと共に、国立大学法人を代表し、その業務を総理する」（国立大学法人法第十一条第一項）。

この条文について、法律の専門家に聞いたところ、「学長は大学で一番大きな権限を持っている。だから何でもできる」と言います。文部科学省や産業界からは「あなたは総長なんだから、好きなようにやったらいいんです」と言われます。

確かに、法律上はそうです。国立大学の学長は、教学面と経営面の両面における最高責任者であり、私立大学で言えば学長と理事長の両方の権限を併《あわ》せ持っていることになります。当然、人事権も予算配分の権限も持っています。しかし、残念ながら現実は違います。

国立大学は、二〇〇四年の法人化まで「教育公務員特例法（教特法）」という法律の適用を受けていました。これにより、教授会は、学部長選考や教員人事、勤務評定などについての権限が認められています。その影響で、今でも教授会の審議事項には、大学の経営に関する事項まで含まれ、学長の大学運営を難しくしているのです。何かしようと思ったら、教授会との話しあいや承認を必要とすることが多く、なかなか前へ進めません。

これが、いわゆる教授会自治の問題です。

教授会自治と慣行

ただし、歴史的に見れば、教授会自治のはたしてきた役割や意義は、とても大きなものがあります。それは、正しく評価しないといけません。

日本は法治国家《ほうちこっか》です。さきほど、大学を規定する法律を示しましたが、実はその上に根本の法律——憲法があります。憲法は、学問の自由を保障しています。学問の自由とは、「時《とき》の政府が、自分たちに都合のいい学問以外を認めないようなことがあってはならない。学問は、真理を探求するものでなければならない」ということです。これが、大学の教育研究を支える基盤です。学問の自由は守られなければなりません。

ところが、人もカネもその手にある学長という権力ポストに、その権力を濫用《らんよう》するような人物が選ばれ、ある日突然、「君、クビや」「あなた、その講義やったらあかん」などと権限を乱発したら、大学はめちゃくちゃになってしまいます。

実は、今から100年前の一九一三年、まさにそういう事件が京都大学（当時・京都帝国大学）で起きました。文部省の任命で就任したばかりの沢柳政太郎《さわやなぎまさたろう》京都帝国大学第5代総長が、教学の刷新を標榜し、7人の教授たちを、彼らが所属するそれぞれの教授会の承認を得ないまま解雇し、逆に教授や助教授たちの猛反発に遭《あ》い、辞任に追い込まれた「沢柳事件」です。大学教授の人事には教授会の承認を必要とする、という教授会自治の確立のきっかけとなった事件として知られています。

その後、戦時体制下で大学への統制が強まるなか、一九三三年、京都帝国大学は、法学部の滝川幸辰《たきがわゆきとき》教授がその著作や講演内容が赤化思想であるとして罷免《ひめん》された「滝川事件」も経験しています。学問の自由と大学の自治（教授会自治）を侵害するものだとして、法学部の教授らが抗議運動を起こしますが、当局の弾圧を受け、敗北しました。

戦後まもなく制定された教特法は、こうした歴史的な経緯を踏まえて作られた法律で、国や地方公共団体による公権力の行使に対して、大学の自治を保障する観点から、教授会に学部長選考や教員人事、勤務評定などの権限を認めたわけです。

ところが、実際には、教授会の審議事項には大学経営に関する事項まで含まれるようになりました。しかも、審議だけでなく、議決機関として意思決定まで行なうようになった。教授会は、学校教育法（第九十三条）にもとづく審議のための機関ですから、審議の対象は教育研究に限られるし、議決機関としての権能もありません。なのに、経営や組織改編などにまで関与し、意思決定にも関わるようになった。学問の自由と大学の自治を守るはずの教授会は、いつしか〝別のもの〟を守るための機関へと変質していきました。

二〇〇四年、国立大学が法人化され、職員が公務員ではなくなったことで、国立大学は法的に教授会自治を支えてきた教特法の縛《しば》りから外れ、適用されなくなりました。これで、学長は本来の人事や予算の権限を行使できるはずでした。

けれども、そうはなりませんでした。教特法の適用下で行なわれてきた教授会の権限や慣行が、ほとんどの大学で内部規則という形でそのまま引き継がれたからです。その結果、未《いま》だに、学長には人事権も予算配分の権限も、実態としてほとんどないという状況です。

たとえば、国立大学の運営費交付金は、学生や教職員の数でほとんど配分が決まっており、学長の自由になる予算の余地はとても小さい。それでも、先述のジョン万プログラムなどは、何とか若手人材の海外チャレンジを支援したいと思い、その少ない学長の裁量経費や間接経費による全学経費のなかから予算を捻出しました。

もし、教員の給与が払えなくなり、1割減らすとします。最大限揉《も》めないでやろうと思ったら、全員1割カットです。しかし、学問のニーズは時代と共に変わります。必要性が高く伸びている学問も、そうでない学問も一律に1割カットでは、他大学との競争に後《おく》れを取りかねない。強い大学にするには、重要なところに手厚くするなど適正な配分をしたい。しかし、その権限が学長にはあるという意識は、全学的に共有されていません。

人事権についても同様です。学長は、教授会が選挙で選んだ部局長を任命するのが普通で、学長が希望を出しても教授会の賛成が得られなければ、あきらめるか、説得するしかありません。それには、とてつもないエネルギーと時間を必要とします。

繰り返しますが、教授会は教育を審議するための機関であり、経営に関する事柄は審議の対象外ですし、もとより議決機関ではありません。意思決定には関与できないのです。最終的な意思決定権者は学長である、というのが法律の定めるところです。実際、法律には、大学は学長が校務を司ると書いてあるのです。

言うまでもなく、国の法令は各大学の内部規則に優先します。しかし、現実は違う。矛盾《むじゅん》しているのです。しかも、それが放置されたままになっている。これが一番の問題です。これは個々の大学では解決が困難な問題であり、最終的には政治が決断するしかないのではないかと思います。

昨今、大学改革を求める声はますます強いですが、それには学長が人事と予算の権限をしっかり行使できる体制を作らないといけません。そうでないと、実《じつ》がある改革をスピード感を持って行なうことは困難です。

権限の弱さを補《おぎな》うもの

「人事も予算の権限も満足にないの？　よくそれでやっているね。驚きだ」産業界の方には、よくそう言われます。しかし、実際にそうなのです。

　私が人事権を持っているのは7人の理事だけで、この人たちには何か問題があれば、「明日辞《や》めて」と言えます。代わりにいい人がいて、本人も了解すれば、「あなたを理事にします」と任命できます。しかし、教授にそれは言えません。法律的には、学長に人事権がありますが、国立大学法人化後も教授会の権限、慣行が内部規則で温存されたため、実際は教授会が人選をし、投票で決めたら、それで審議は終了し、事実上の意思決定になるからです。後は形式的に学長が任命（あるいは罷免《ひめん》）するだけです。

　最近はそれすらも形骸化《けいがいか》し、気がつくと、新任の部局長や教員の任用が広報に載っていたりします。「え、この人、教授になったの」と、びっくりします。これは、厳密に言えば法律違反です。ですから、学長が「異議《いぎ》あり」と言えば、その人事は発効できません。

学長にとっては〝伝家《でんか》の宝刀《ほうとう》〟を抜くようなものです。

もっとも、私はその刀を抜いたことはありません。いい人事なら問題はないのですし、ほとんどの人事はいい人事だと思います。しかし、まれに「なぜ、こんな人を選んだのか」という声が聞かれるケースがあります。

「学問はとても優秀かもしれないが、教育面ではやや問題がある」「学問と教育はできるが、マネージメントはめちゃくちゃ」など、人間として非常識で行動規範に外れたところのある人が、ごくまれではありますが、教授になることがあります。

一度教授になると、教授会が決定しない限りクビになることはありません。法律的には学長がクビにできるけれど、何度も言うように、教特法の下《もと》での教授会の権限、慣行が内部規則で温存されており、「辞めて」とは言えないのです。学長の権限とは、かくも脆弱《ぜいじゃく》なのです。

しかも、総合大学には学部も大学院も研究所もたくさんあります。京都大学では学部10、大学院研究科等18に加え、14の研究所、その他多くの研究センターや教育研究施設などがあります。それぞれに部局長がいますから、計60人です。部局の歴史も背景も違うので、しばしばみんな違うことを言います。何かを行なう際には、それを集約して賛成を取り付けないといけない。これは大変な作業です。

しかし、接点は見つけられます。その拠《よ》りどころは、大学の先生は非常に合理的な人が多いこと。理性の府《ふ》ですから、「何つまらんこと言うてんねん！」などと、いきなりケンカ腰《ごし》になるような人は、きわめて少数です。理性が邪魔をして、言いたくても言えないのです。それくらい、大学人というのは理性の人たちの集まりです。

ですから、意見の違いが出ると、徹底的な議論はむしろ好まれます。それは、私も望むところで、大いに議論しましょうと言います。時間はかかりますが、理性の人たちですから、こちらの話に理《り》があると思えば、きちんと納得してくれます。

もともと京都大学には「闊達《かったつ》な対話」という伝統があります。対話とは、おたがいの立場を尊重して議論し、おたがいを高めあうことです。その際、頼りになるのは「顎力（ガクリョク）」、つまり相手を納得させるだけの対話力、コミュニケーション能力です。私の場合、学長権限の弱さを補い、闊達な対話を支えているのは、この「顎力」です。

リーダーシップと決断

リーダーはしんどいものです。自分で判断しないといけない。自分の判断によって組織の運命、所属する人の人生が決まってしまいます。

私は大学改革を一生懸命に進めていますが、何もしなくても給料は同じようにもらえます。そのほうが、みんなに嫌われずにすみます。何かを変えようとする人は必ず抵抗に遭《あ》います。ならば、何もしんどい思いをして、わざわざ嫌われてまで改革などしなくていい、そう考えても無理はなく、実際、世の中ではそういう人のほうが多いかもしれません。私は、それではいけないと思うから、嫌われても行ないます。

改革の結果がもし悪ければ、みんなに迷惑をかけます。京都大学の実力、評判も落とすことになる。そんなことになっては困ります。必ず良い結果を残さなければいけません。そこで大事になるのは「いかに己《おのれ》の信念を貫くことができるか」です。

これまでは、何かを変えたり新しいことをする場合、まず教授会に諮《はか》り、「異論はないですか」と聞き、「異議あり」となれば「では、やめましょう」、みんなが黙っていたら「そろそろやってみますか」となり、すこしだけ前に進めるというのが一般的なパターンでした。しかし、私は従前のこうした方法を踏襲しませんでした。

執行部は何かを提案する時、必ず思考実験（一種のシミュレーション）を行ない、反応を想定します。その上でこう呼びかけます。「これは、みなさんひとりひとりの問題です。私はこういう方向で行ないたいと思います。これについて意見を言ってください」

すると、賛成、反対、双方の意見が出ます。それをじっと聞く。問題は反対意見ですが、多くは反対のための反対なので、あらかじめ想定済《ず》みです。たいていは、理詰《りづ》めで説得可能です。なかには、想定外の、考え落としていたことを論拠に、反対意見を展開する人もいます。その場合は、立ち止まって論《ろん》を組み直し、再提案します。

それでも、反対意見は出ます。どれだけ議論を尽くしても、全員の合意を得るのは簡単ではありません。京都大学のように部局がたくさんあれば、なおさらそうです。

では、どうするか。最後は、自分の判断で決めるしかありません。反対を押し切るわけですから、苦渋《くじゅう》の決断です。正直、つらい。それでも、自分を信じて決断しないといけない。前に進めないからです。エイブラハム・リンカーンは、多くが反対するなか、奴隷《どれい》解放宣言を行ない、ついには憲法を修正し、奴隷解放を実現しました。

己の信念を貫くリーダーシップとは、そういうことだと思います。

（7）京都で学ぶ意味

学生の街・京都

京都には1200年の歴史があり、千年もの長きにわたり首都でした。天皇がおられ、政治、経済、とりわけ文化の中心地でした。宮廷文化から始まり、武士社会になっても、京都は特別のポジションを占めてきました。

大学については、九世紀の平安時代から貴族の子弟を教える「大学寮《だいがくりょう》」が京都にあり、学長に相当する「大学頭《だいがくのかみ》」や、教授に相当する「博士《はかせ》」、学生はもちろん大学院生に相当する「得業生《とくごうしょう》」もいました。中国の制度を取り入れたのですが、教育の重要性を、当時の指導者たちが正しく認識していた証《あかし》です。

権威や権力だけでは世の中を治《おさ》められない。成長もない。そういうことをよく理解し、知識や知恵、人格を鍛えなければならないと考えたわけです。そして、それが定着した。

学者であった菅原道真《すがわらのみちざね》は学問の神様になり、北野天満宮《きたのてんまんぐう》に祀《まつ》られています。

その後も、室町時代には「五山文学《ござんぶんがく》」が花開き、江戸時代には「堀川学校《ほりかわがっこう》（古義堂《こぎどう》）」を開いた伊藤仁斎《いとうじんさい》、「石門心学《せきもんしんがく》」の創始者・石田梅岩《いしだばいがん》などを輩出しています。朝廷、寺社、町衆《まちしゅう》まで街ぐるみで学問を育ててきたのです。

京都帝国大学の前身は第三高等学校です。さらに、その前身は第三高等中学校で、大阪にありました。その元は明治初期にできた大阪舎密局《せいみきょく》です。舎密はオランダ語の「chemie《シェイミー》（化学）」から来ています。大阪舎密局はその後、理学所と名前が変わり、さらに大阪外国語学校となり、第三高等中学校へと至るのです。

一八八九年の京都移転に際しては、京都府が総工費16万円のうち10万円を負担し、京都へ誘致しました。当時の府税収入の約2割に相当する巨額で、それを新しい大学のためにポンと出した。それだけ、京都という街は学問を大切にしてきたのです。

京都は学生の街です。京都大学のほかにも多くの大学があります。京都市の10万人当たりの大学生数は9175人で全国1位。実に、市民の11人に1人は学生です。もちろん、先生も多い。市民のみなさんは、学生も先生も敬《うやま》ってくれます。

たとえば、学生は、拝観料《はいかんりょう》が安くなる社寺《しゃじ》もあります。先生は、京大教授と言えば、祇園《ぎおん》でツケが利《き》きます。それだけ、信用があるのです。東大はどうだろうと思い、東大の先生に「銀座でツケが利きますか?」と聞いたら、「全然利かない」と言っていました。

今、京都では、京都の政財公学のメンバーが3カ月に1回集まり、京都の未来を語りあっています（京都の未来を考える懇話会）。私も京都大学を代表して参加し、二〇一三年五月には、「京都ビジョン2040——30年後の京都の姿」という提言をまとめました。そのなかに「大学のまち・京都」という項目があり、京都の未来の構想のなかに、きちんと大学が組み込まれています。まさに、学都・京都なのです。

双京《そうきょう》構想とベンチャー精神

「京都ビジョン2040」には「双京構想」というものが盛り込まれています。

東日本大震災は、日本が災害列島であることを強く再認識させました。東京一極集中の脆弱《ぜいじゃく》さを指摘する声もこれまで以上に大きくなり、首都機能移転の問題が改めてクローズアップされています。

こうしたなかで、京都は文化首都にふさわしい歴史と環境を備えています。第一級の文化財や美術工芸品の多さは群を抜き、それらを支える技術者も多い。神社仏閣《じんじゃぶっかく》の多さは言うまでもなく、宗教都市としても世界屈指です。歴史と文化の蓄積は圧倒的で、「日本文化のふるさと」と言ってもいいでしょう。

現在、天皇皇后両陛下をはじめ皇室の方々は東京におられますが、京都にも御所《ごしょ》があります。ここに、皇室のどなたかが定常的にお住みになっていただければ、都《みやこ》がふたつになります。歴史的にもそのほうが自然ではないかと思います。

また、皇室の方々が京都にもおられるようになれば、かつてのように美術工芸品などを納めさせていただくことで、伝統技術の維持、継承にもつながります。たとえば、扇子《せんす》は要《かなめ》だけ作る人、竹だけ作る人、絵だけ描く人と全部分業化されており、どれもが最上級の匠《たくみ》の技《わざ》に支えられています。

ところが、明治以降、皇室の方々が東京におられるようになったため、そうした京都の伝統技術が廃《すた》れつつあります。これは大変悲しいことで、日本文化の喪失です。しかし、双京構想で皇室の方々が京都にもおられるようになれば、文化の華《はな》やぎが戻り、匠の技も次世代へと維持、継承できます。皇室の弥栄《いやさか》だけでなく、日本の伝統文化の弥栄にもなります。歴史と文化の膨大な蓄積のある古都・京都にしかできないことです。

さきほども述べたように、産学連携のルーツは京都でした。ご存じない方も多いのですが、市電を最初に作ったのは京都ですし、水力発電を利用して船を運ぶインクライン（傾斜鉄道）を日本ではじめて敷設《ふせつ》したのも京都です。

「新しい風は京都から」という言葉があります。京都は伝統を守るだけではなく、昔から進取の気性に富んだ、常に新しいこと、人とは違うことをしようとする気風があるのです。だから、京都大学では、政治家や行政官を志望する学生が少ない。それよりも、野《や》に出て個性を発揮したいと考えるようで、中小企業の経営者が驚くほど多い。こうしたベンチャーの気風を育てたのは、やはり降り積もった歴史と文化の積分値ではないかと思います。それを皇室は象徴しています。

一八六九年、東京遷都によって、皇室の方々が東京へ行幸啓《ぎようこうけい》されました。京都の人たちは「天皇さんが東京へ行かはった。支えになるもん作らな、京都は生きていかれへん」と考え、がんばったのです。その思いが京都発のベンチャー企業群につながるわけです。

明治天皇の先帝、孝明天皇は京都におられましたから、明治天皇のお墓はどうしても京都にということで、伏見桃山《ふしみももやま》に明治御陵《めいじごりよう》があります。今上《きんじよう》天皇皇后両陛下は京都御所に時々お泊まりになられます。私もお呼びいただき、1時間ほどお話しさせていただくことがありますが、やはり京都がふるさとと思っておられるようです。

グローバルリーダーとローカルリーダー

文部科学省は、二〇一三年度から、地域再生の核となる大学作り（COC＝Center of Community）のために、「地《ち》（知）の拠点整備事業」に取り組んでいます。大学が地域社会に貢献することが、日本の発展や国際競争力の強化につながるとの考えから、全学的に地域を志向した教育・研究・地域貢献を進める大学を文部科学省が支援するものです。

この文部科学省の事業に、二〇一三年八月、京都大学のプログラム「ＫＹＯＴＯ未来創造拠点整備事業――社会変革期を担う人材育成」が採択されました。

これは、京都が直面する多様な地域課題の解決のために産官（公）学民が共に取り組む拠点を構築し、世界（グローバル）でも地域（ローカル）でも活躍できる「グローカルトップリーダー人材」の育成を目指す教育プログラムで、具体的には、越境講義科目群《えっきょうこうぎ》「まなびよし」と越境実習科目群「番組大学校《ばんぐみ》」を実施します。「まなびよし」は、京都に関する議論を通じて課題認識・俯瞰力《ふかんりょく》、責任力を養成するもので、一、二年生が対象。京大の教員のほか京都の自治体職員や地域住民などを講師に迎え、「京都創造論」などの講義を提供します。「番組大学校」は、実際にフィールドに出て実問題と向きあい、創造力、現場力、知の活用力を養成するもので、二〜四年生が対象。教員や地域関係者などと協同で京都における課題の解決策を提案、実行します。

ふたつのプログラムを履修すると、「愛京心を持った有能な人材」として、履修証明資格「グローカルトップリーダー」が授与されます。

京都大学は世界の大学であると同時に、日本の伝統文化を色濃く残す京都で、多くの地元の企業家を生み出すなど、創設以来、地域と共に歩んできました。これらのプログラムを通じて、新しい形の大学と地域の関係を構築すると共に、世界の大学でありながら、地域のためにもこれまで以上に貢献できる大学を目指します。

京都で学ぶ意味と意義

京都は学生の街であると述べましたが、世界的な観光都市でもあり、外国人が多いのも特徴です。人口10万人当たりの外国人の訪問者数は、京都府が７万８０００人で日本一、東京都の３万９０００人の2倍です。また、人口10万人当たりの外国人の留学生数を見ても、京都府は６５５人で、東京都の５１９人を上回っています。

なぜ、京都にそれだけ多くの外国人が訪れるかと言えば、歴史と伝統の集積値が東京に比べて圧倒的に多いからです。日本固有の文化は、もちろん東京にも息づいています。江戸の独自の文化もあります。ただし、その歴史は江戸開闢《かいびゃく》以来ですから、まだ４００年ほどです。京都に比べ、降り積もっているものの総量が違うのです。

いっぽう、現代都市文明は１５０年ほどかけて、東京の街に天《てん》を衝《つ》く高層ビル群を林立させましたが、欧米人にすれば、ニューヨークやロサンゼルスとほとんど同じです。東京で新しい建築物や便利な地下鉄を見ても、「俺たちの街にもあるよ」と思う。目《め》新《あたら》しさがない。親しみは感じても、心が揺さぶられるような何かを感じることは少ないと思います。でも、京都は違います。一歩外に出れば、金閣《きんかく》（鹿苑寺《ろくおんじ》）があり、銀閣《ぎんかく》（慈照寺《じしょうじ》）があり、平安神宮《へいあんじんぐう》があり、哲学の道があります。これらは、ほかにはありません。

東京という街は、何でもありますから、学問をするには少々刺激が強すぎます。しかも政府のお膝元《ひざもと》ですから、名のある大学人などは、しばしば各種の審議会などに呼び出されます。東大の先生に会おうと思ったら、赤門《あかもん》（本郷《ほんごう》キャンパス）に行ってもなかなか会えませんが、霞《かすみ》が関《せき》や永田町《ながたちょう》に行ったほうが会えることが多い。名刺も山ほど配るのでしょう。ずいぶん昔のことですが、私がまだ助教授の頃、ある国の会議で東大の先生に会ったら、自分の名刺ケースが机の上に三段重ねでドンと置いてありました。

私も東京へはよく行きますが、時間の流れが京都に比べて速いなあと、いつも思います。一言で言えば、せわしない。京都の時間は、もっとゆっくり流れています。

「学都」と呼ぶにふさわしい街はどこか。「地域の歴史や文化」「大学の教育研究力」「地域と大学の協働」の三つの指標を元に岡山大学が算出したランキングがあります。京都は73点で1位、東京は70点で2位でした。日本を代表する大学群を抱える東京を抑え、京都が1位になれたのは、歴史と文化の集積と平安の昔から学問を敬い、街を挙げて応援し続けてきた伝統があるからだと思います。

人間は、やはり思想を持つことが大事で、それは「自分はなぜここにいるのか、なぜ生きているのか」と、ひとりで考えることから始まります。それには、時間と場所が必要です。親元を離れ、こういうことを時間を気にせず、仲間と議論する。京都の街はそれにふさわしいし、京都大学もそのための機会を十分に提供できると思っています。

京都大学には、世界的な研究者が多くいます。伝統的に哲学にも強い。物理、数学、医学の先端研究など、刺激的な学問にもたくさん出会えます。さらに言えば、「異・自・言」力はグローバル人材の必須要件ですが、京都は１２００年の歴史と文化を誇る世界的な国際観光都市でもあり、海外からの留学生や外国人観光客も多い。異文化体験にはもってこいで、「異」も「自」も「言」も鍛えることができます。

大学時代を親元で過ごすのもいいですが、親元を離れて4年間ひとりで京都で過ごすというのも、自分を鍛えるひとつの選択肢だと思います。

第五章——

これからの人材の条件

これからの日本で求められる人材

つい最近、産業界のある方からこんな指摘を受けました。
「十把一絡《じっぱひとから》げにして、今時《いまどき》の学生は、などと言うつもりはない。昔とは大学進学率も違う。母《ぼ》集団が大きくなれば、出来の悪いのも増える。AO入試や推薦入試を使って無試験で学生を入れないと定員割れするような大学もたくさんある。しかし、一流、名門と言われる大学を出た学生のなかにも『あれ?』と思う学生が増えたのも事実。たとえば、京大出身者は、何か問題が起きた時やここぞという場面で大きな力を発揮するタイプが多かったけれど、最近はそういう印象が薄れた」

少々手前味噌《てまえみそ》になりますが、確かに京都大学出身者には「粘《ねば》り強さや発想力のある、ここ一番で頼りになる実力者」というイメージがあったと思います。実際、産業界の方から、よくそういう声を聞いたものです。「昼行燈《ひるあんどん》みたいにしていても、ここぞという時に頼りになるのが京大出身だ」と。福島の原発事故で多くの専門家が頭を抱えるなか、京大の原子核工学出身者や放射線研究者が奮闘しているのは、典型的な事例だと思います。

しかし、そのイメージが薄れてきた。なぜか?

偏差値をモノサシに、ひたすら合格ラインに手の届く大学を目指して受験科目しか勉強しない入試のしくみが、ここ一番で力を発揮できるような学生を弾《はじ》き飛ばしてしまっているからです。その結果、京都大学では〝伸びきったパンツのゴム〟のような学生が増えた。入学したとたん、目標を失い、抜け殻のようになるケースが少なくないのです。

第三章、第四章で述べた京大方式特色入試の導入や国際高等教育院、思修館の開設など一連の改革は、そうした入試の歪《ゆが》みを突き崩すための試みであり、時代が求める、ここ一番で大きな力が発揮できるようなグローバル人材の育成を目指すものです。

グローバル化の進展で、企業を取り巻く環境は大きく変わり、それにともない企業の求める人材像も変化しています。

日本は明治維新以降、西欧列強をモデルに追いつき追い越せで国を成長させ、世界第2位の経済大国になりました。しかし、バブル経済が弾けて以降、日本は本当の意味で独自のものが生み出せず、長らく停滞しています。

第一章で述べたように、学び（守）や模索（破）から独自性（離）の段階へと入っていく、「守破離」の「離」がうまくいっていないのです。独自の「離」の道を切り開くには、もはや海外にお手本はありませんから、自ら課題を見つけ、正解のない問題に取り組み、まったく新しいものを創り出すしかない。

これからの日本に必要なのは、そのために、新たな価値創造ができる人材です。

豊かな教養こそ、すべての基礎

では、新たな価値創造ができる人材の要件とは何でしょうか。

それは、幅広い知識や経験がある、ということです。創造力は、知識や経験の組みあわせです。知識も経験もないのに、創造力を発揮しなさいと言っても無理です。幅広い知識や経験こそ独創的なアイデアの源泉であり、それがなければ、斬新な発想は出てきません。

逆に言えば、知識や経験が多いほど創造力は豊かになり、アイデアも膨《ふく》らみます。高校時代には受験科目だけでなくそれ以外の科目も幅広く勉強してください、と繰り返し述べているのはそのためです。幅広い学びが豊かな発想、アイデアを生むのです。スポーツや部活動、ボランティアなど勉強以外の経験も大切です。そうして知識や経験の土台をしっかり作る、これが新たな価値創造ができる人材の大前提です。

大学入学後は、その土台の上により広く、より深い教養の森を育てていきます。この森が豊かであればあるほど、その先の専門分野でも独創的な研究ができます。

現代社会は、急速な科学の進歩により、生命科学からナノテクノロジーまで学問の多様化、専門化が進んでいます。研究開発で国際競争に勝つには、最先端の学術研究が不可欠です。その最先端の研究を支えているのは基礎研究です。学問というのは、基礎や基本、本質がきわめて重要で、これがしっかりしていなければ、最先端の研究でのブレークスルーもありません。だからこそ、前にも述べたように、物事の本質を把握するように務める「務《む》本《ほん》の学《がく》」、すなわち大元《おおもと》の基本原則、学理、学究が大事になるのです。

それを支えるのは、言うまでもなく豊かな教養の森です。最近はアリストテレスやパスカル、カント、孔子《こうし》、孟子など古典的な哲学や思想を学ばせる企業が増えていると聞きます。幅広い教養は、仕事を行なう上でも重要な指針を与えてくれるからです。それだけ、ビジネスの世界も複雑になっており、道標《みちしるべ》となる教養が必要なのです。

幅広い教養は、新たな価値創造のように、自分の頭で考えて判断する能力や論理的に組み立てて結論を導き出す能力、さらには外国人を含む他人との深いコミュニケーションを可能にする能力などのベースになるものです。

ですから、グローバル時代の教養の森は、第三章で述べたように、高いレベルで「異・自・言」（異文化理解力、自国理解力、言語力）の能力が鍛えられている必要があります。

グローバル人材とは、英語などの外国語の能力に長《た》けているだけでなく、日本のことも相手の国のこともよく理解した上で、きちんと議論し、仕事ができる人を言います。ですから「異・自・言」を徹底的に鍛えなければなりません。

また、より高いレベルでグローバルリーダーを目指すなら、深い教養の森に専門性も備えている必要があります。ここで言う専門性とは、先述のように、小枝の先の葉のような狭い領域の専門性ではなく、幹に近い太い枝レベルの専門性です。

専門性に特化しすぎると、かえって複雑な問題に対処できないからです。針山のてっぺんみたいな専門性しかないのに、何でもわかった気になるのが一番怖い。ピットホール（落とし穴）に嵌《はま》りやすいのです。必要なのは、複雑な問題の全体像を把握し、最適解を見出せる高い俯瞰力を備えた人材です。具体的には、前にも述べたように「学部で学ぶ教養をさらに深掘りし、太い枝レベルの専門性も獲得している人」です。

今、産業界をはじめ、社会が一番欲しいのは、そういうハイレベルな人材です。

学問とは、真実をめぐる人間関係

経済同友会は、一九九七年から2～4年ごとに「企業の採用と教育に関するアンケート調査」を行なっています。最新は二〇一二年十一月に公表されたもので、そのなかに「新卒採用の際に企業が重視する資質は何か」を問う項目があります。大学学部、大学院共に上位三つは、①熱意・意欲、②行動力・実行力、③チームワーク力（コミュニケーション能力、協調性等）、となっています。

どれも大事ですが、私はこの三つのなかで一番重要なのは、三つ目のチームワーク力だと思います。いくら、やる気や行動力があっても、仕事はひとりではできません。

二〇一二年、山中伸弥教授がノーベル生理学・医学賞を受賞しました。彼は未科学の領域へ果敢に挑戦し、偉業を成した人ですが、きわめて普通の人です。ノーベル賞を取るような傑出した研究者は、どこか普通の人とは違う〝変な人〟と思われがちですが、山中教授は大変な人格者だし、常識人です。

今の時代、ひとりの天才のひらめきだけで、世界をあっと言わせるような大発見や大発明はできません。すぐれた発想力、創造力のある傑出した人材をフォローするすぐれたスタッフや、その意義を社会に発信できる周囲の協力が絶対に欠かせません。

学問と言うと、どうしても書斎や研究室に籠《こも》り、難しい数式や動植物、ウイルスなど、人間社会とは切り離されたものを相手にしているイメージが強いと思います。あるいは、誰が行なっても同じ結論になるのが学問の真実ですから、人間的なものが入り込む余地は少ないと思われるかもしれません。

しかし、新しいものを発見して事実を積み上げる過程で、一番大事になるのは人間関係なのです。どれほどすばらしい研究の種を見つけても、それを実現するには、スタッフや周囲の協力が不可欠で、実験装置ひとつ買うにも、財政的な支援が必要になります。その予算をつけるかどうかを決めるのは人間です。

学問の世界では、とても優秀なのに、なぜか研究がうまくいかない人がいます。研究の進め方そのものに問題がある場合ももちろんありますが、多くは人間関係がうまくいかないせいではないかと私は思います。資料を調べるにも、データを取るにもひとりではできません。人の力を借ります。どういう人間関係を築くかによって、研究の成果は大きく変わってきます。

その意味では、コミュニケーション能力はきわめて重要です。学問とは真実をめぐる人間関係なのです。ですから、天才であっても、スタッフや周囲とうまくやっていく能力、すなわち、相手の立場に立ってものを考え、気持ちを酌《く》んだり、思いやるコミュニケーション能力がなければ、結果は残せません。その点、山中教授は人間的にもすばらしい。だから、成功したのです。

四つの「ガクリョク」

私はよく学生たちに「人間の力は四つのガクリョクからなる」と言っています。

ひとつ目のガクリョクは「学力」です。これから日本を支える人材には、幅広い教養、「異・自・言」力の獲得は必須です。

ふたつ目は、前にもすこし触れた「顎力」、つまりコミュニケーション能力です。これは今述べたように、研究者であろうが、ビジネスの世界であろうが、人が成功するためのもっとも大事な要件です。いくら才能があろうが、意欲や行動力があろうが、部下やスタッフ、周囲の協力を得られなければ、まず良い結果は得られません。また、顎力は食、つまり健康も大変重要であることを示しています。

三つ目は「額力」です。額の後ろにある前頭葉《ぜんとうよう》で人の気持ちを感じ取り、思いやる能力を言います。『論語』に「恕《じょ》」という言葉が出てきます。孔子は「生涯もっとも心すべきことは何か?」と弟子のひとりに問われ、こう答えます。「それは恕である。自分がしてほしくないことは人にもしないことだ（其恕乎《それじょか》。己所不欲《おのれのほっせざるところ》、勿施於人也《ひとにほどこすことなかれ》。）」と。つまり、相手の立場に立って物事を考え、行動しなさい、ということです。これが三つ目の「額力」を支えるものになります。

四つ目は「楽力」。楽しむ力です。何事《なにごと》もそうですが、嫌々《いやいや》するのでは長続きしませんし、実力も伸びません。仕事というのは何でもそうですが、自分の好きなことだけしていればいいわけではありません。不本意な仕事に取り組まなければいけないこともあります。というより、そのほうが多いのが現実でしょう。

しかし、幅広い知識や経験が学問に深みを与え、独自の発想の源泉になるように、さまざまな仕事を経験し、知ることは、先々《さきざき》必ず役に立ちます。課長、部長と職位が上がる時、ほかの人より高い俯瞰力を発揮できるからです。さまざまな部署や仕事を経験すれば、マネージメントの能力は確実に上がります。

ですから、不本意な異動に遭《あ》っても腐《くさ》ってはいけません。むしろ、知らなかった部署が経験できる、新しい仕事が覚えられる、と前向きに考えるべきです。そうすれば、仕事におもしろみを見出せます。楽力とは、このように何事も楽しめる能力です。仕事をしていく上では、これもまた欠くことのできない大事な力になります。

学力、顎力、額力、楽力――。人間が本来持っている力を十全に発揮するには、この四つのガクリョクが必要です。どれかひとつでも欠ければ、力は半減してしまうでしょう。四つそろってはじめて、実力を思い切り発揮できるのです。

四つのガクリョクは、高校時代にどれだけそのベースができるかで、その後のコミュニケーション能力や協調性などに大きく影響してきます。ですから、幅広い学びで学力を鍛えるだけでなく、スポーツや部活動、ボランティアなどにも積極的に取り組み、学力以外にも顎力、額力、楽力も鍛えてほしい。勉強だけしていたのでは、ましてや受験科目に特化した偏った勉強ばかりでは、ガクリョクの基礎はなかなか身につきません。

そして大学に入学後は、その基礎の上に、より確かな「四つのガクリョク」を重ねる。社会へ出て成功するのは、こうして「四ガク」を身につけた人です。ぜひ、「四ガク」を修めてほしいと思います。

私が実践している読書法

社会人の方は仕事があり、自由になる時間は少ないと思いますが、それでも何とか時間を作って、スキルアップに努めてほしいと思います。

たとえば、仕事を持ちながら、大学で学び直すことも可能です。平日夜や土日に学びたい場合は、夜間や昼夜開講制を選べばいいし、職場や自宅から通えない場合は通信制を選べばいいでしょう。特定の科目だけ学びたい場合は公開講座や聴講生、科目等履修生という選択肢もあります。

京都大学でも、社会人教育を重要視しており、経済的にも時間的にもあまり負担にならないような形で社会人が勉強できて、スキルアップを図れるようなしくみ、制度を検討しているところです。

こうした学びの機会をぜひ、利用していただきたい。ただし、それには日頃から学びの心を忘れず、常に好奇心のアンテナを伸ばす必要があります。学びの心と好奇心――。それを忘れない人は、いくつになってもスキルアップできるし、人生を豊かにすることが可能です。そのためにお勧めしたいのは、効率的な読書の方法です。

社会人の方は忙しいですから、なかなか読書の時間は取れないでしょう。私も読書に使えるのは、せいぜい1日1時間まで。子どもの頃、野球のバットが頭に当たり、左目の視力をほとんど失ったため、もともと1時間くらいしか本が読めないという事情もあります。それ以上長時間読むと、疲れてしまうのです。

しかし、知のアップデートを考えれば、本は読んだほうがいい。そこで、私は1冊熟読せずに、前書きや目次にざっと目を通したら、本文のおもしろそうなところを斜《なな》め読みするようにしています。私は、これを「本を観《み》る」と呼んでいます。

具体的には、キーワードを拾い、著者の言いたいことを組み立ててみるのです。これですと、だいたい1冊15～30分もあればすみます。1時間あれば、2、3冊は目を通せます。時間がなくてじっくり読めないなら、このようにざっと読み飛ばしてみる。そして、おもしろそうなところは、後で精読すればいいのです。

忙しさを理由に、読書を忌避《きひ》するようでは大成《たいせい》できません。

人材育成は、大学だけではできない

ＯＥＣＤが発表した二〇一二年の「学習到達度調査（ＰＩＳＡ）」（図表12）によれば、日本の平均得点は「読解力」「数学的リテラシー」「科学的リテラシー」の全3分野で過去最高になりました。二〇〇〇年代半ばにかけて平均得点を落とし、ゆとり教育の弊害と言われましたが、前回に続いて平均得点を上げたことで、学力の向上傾向は鮮明になりました。

とはいえ、どの分野も上位を独占しているのはアジアの新興国・地域で、ここにも国を挙げて教育に取り組んでいる国々の姿が如実《にょじつ》に表われています。

もともと、日本人の基礎学力は、昔から世界でも屈指の高さを誇ってきました。十六世紀半ばに日本へ来たフランシスコ・ザビエルも、十九世紀半ばに日本の閉じていた門を叩

図表12 国際学力調査

順位	読解力	(平均得点)	数学的リテラシー	(平均得点)	科学的リテラシー	(平均得点)
1	上海	570	上海	613	上海	580
2	香港	545	シンガポール	573	香港	555
3	シンガポール	542	香港	561	シンガポール	551
4	日本	538	台湾	560	日本	547
5	韓国	536	韓国	554	フィンランド	545
6	フィンランド	524	マカオ	538	エストニア	541
7	アイルランド	523	日本	536	韓国	538
8	台湾	523	リヒテンシュタイン	535	ベトナム	528
9	カナダ	523	スイス	531	ポーランド	526
10	ポーランド	518	オランダ	523	カナダ	525
	⋮		⋮		⋮	
	ＯＥＣＤ平均	496	ＯＥＣＤ平均	494	ＯＥＣＤ平均	501

※OECDによる「学習到達度調査（PISA）」より
※2012年、65カ国・地域の15歳、約51万人を対象に実施

いたマシュー・ペリーも、日本人の素養の高さに驚きました。しかも、きわめてまじめで、誠実で、思いやりもある。

東日本大震災で見せた、略奪もなく整然と復興に向けて協力しあう姿は、世界の人びとに日本人の底力と高い精神性を強烈に印象づけました。

震災の発生から4カ月間に、岩手、宮城、福島3県で、警察に回収された金庫は５７００個、そのなかの現金は23億６７００万円に上りました。このうち、96％の22億７０００万円は所有者に返還されました。

世界中どこを探しても、こんな国はありません。金庫は片《かた》っ端《ぱし》から破壊され、なかは空《から》っぽ。世界では、それが普通です。日本人の国民性は本当にすばらしい。高校までの基礎的な教育さえきちんと修め、大学でもしっかり学習すれば、この先も十分、世界のなかで責任のあるポジションを占めていけると思います。

ただし、〝人育て〟は教育界だけでできるものではありません。ましてや、大学だけでどうなるものでもない。国の将来は、人材の質で決まります。大学もがんばりますが、社会全体で、オールジャパンで人を育てようという気持ちにならないといけない。

たとえば、京都大学では学部で、もっと教養をきちんとつけさせる。「異・自・言」力のあるグローバル人材の育成に努める。大学院は、針山のてっぺんの専門性を究める人材だけでなく、俯瞰力のある実用の学問を修めるような修士や博士も養成する。このように、大学生の質を保証する。

これを産業界も認め、就職活動時期をせめて四年次の夏以降にする。修士や博士の能力、プレミアムを評価し、採用を増やす。

国も、「大学力は国力」と言うのであれば、運営費交付金を減らし、競争的資金ばかり増やして競争を煽《あお》るのではなく、もっと大学が自由に使える予算を増やす。

保護者も、これからこの国に必要なのは教養豊かな人材であり、受験科目だけひたすら勉強し、難関大学に合格することだけを目標にしているような学生ではない、ということをよく理解し、子どもを偏った学びに追い込まない。

こうして、大学も企業も国も保護者も一緒になって、この国の未来を支える人材を育てるべきです。「後生畏《こうせいおそ》るべし」という言葉があるように、若者には大きな潜在能力があります。それを引き出すのが教育であり、本来「育人《いくじん》」と書くのがふさわしい。

もう一度言います。育人は、オールジャパンで、社会全体でやるべきものです。それができなければ、早晩《そうばん》、日本の大学は、欧米の一流大学に置き去りにされるだけでなく、猛《もう》追《つい》するアジアの新興大学にも追いつかれ、追い抜かれてしまうでしょう。

挫折《ざせつ》を恐れるな

“Adversity makes a man wise.”という西洋の諺《ことわざ》があります。「艱難汝《かんなんなんじ》を玉《たま》にす」という意味です。私は、挫折はとても大切だと思います。挫折を知らない人は、私が企業の人事部長だったら採りません。人間は、失敗を乗り越えた数だけ強くなるのです。

ですから、学問でも、スポーツでも、恋愛でも、何でもチャレンジすることです。そして、どんどん失敗し、挫折することです。その経験は必ずあなたを成長させてくれます。

たとえば、難しい人間関係に直面し、苦労し、痛い目に遭《あ》った人ほど、どのようにしてそれを乗り越えればいいかという知恵がつきます。告白するたびにフラれていたら、どうすれば相手に心が届けられるのか、嫌でも考えるようになるでしょう。ラブレターだってフラれるたびにうまくなるのです。大きな声では言えませんが、私もそうでした。人は失敗し、挫折し、それを乗り越えることで、すこしずつ自信がつきます。

私は、高校卒業後、京都大学工学部電子工学科に進学しました。高校時代には、文系の学問に強い関心がありましたが、家の経済事情から、大学を出たら働くつもりで、「就職が確実」という単純かつ深刻な理由から、工学部を選んだのです。世間では、京大と聞いただけで、「すごいやん。挫折なんて知らへんやろ」と思う方がいらっしゃるようですが、私の場合はまるで違います。

私は、中国の張家口《ちょうかこう》で一九四二年に生まれました。1歳で命からがら帰国し、奈良県郡山《こおりやま》町（現・大和郡山《やまとこおりやま》市）で育ちました。父は、日本軍の嘱託《しょくたく》として逓信省《ていしんしょう》（現・総務省）から派遣された通信機器の維持管理に従事していたようですが、私が大学院に進学した年に48歳で他界したため、くわしく聞くことができませんでした。

しかし最近、偶然にも父が帰国後に勤めていたタツタ電線株式会社のＯＢの増井龍之助氏から、父の紀行文「蒙古高原《もうここうげん》」の肉筆の原稿（写真）をいただき、父の当時の苦労とすばらしい感性に接することができました。父の死後、40年もの長きにわたって保管していただいたことに驚きと感謝の気持ちで一杯で、改めて人生の奇遇と妙味《みょうみ》を感じています。

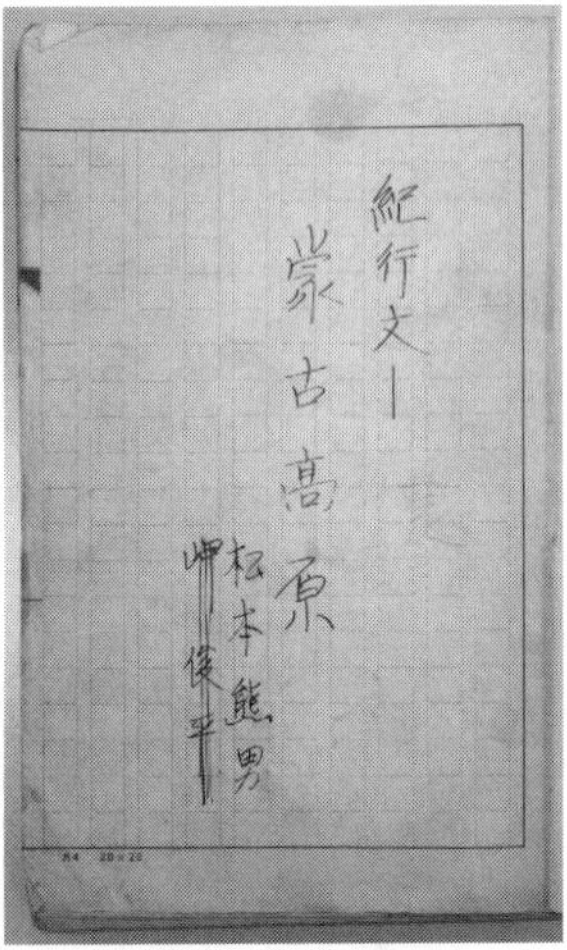

筆者の父による直筆原稿。400字詰め原稿用紙106枚にて、1954年の執筆。松本熊男はペンネーム。冒頭に「これは私が、この眼で見、体験した蒙古高原の紀行文である。今は多分変化しているだろう。だが、これは私の心に一抹の爽風を吹き送ってくれる」とある

母方の祖父は建設関係の技師長で、祖母と私たちの家族に豊かな同居生活を与えてくれましたが、祖母と離

婚して家を手放し、私と弟、両親、祖母の5人は突然、路頭《ろとう》に迷うこととなりました。父は、養子として安藤《あんどう》家に入っていましたが、安藤家から離れるにともない、私も父の姓・松本になったのです。父も母も勤勉でまじめな人でしたが、一家は貧乏でした。

安藤家の離散後、私は幼少期、父方の伯母の農家の納屋《なや》に住んでいました。その後、祖母の知りあいの桶屋《おけや》さんの離れを借り、6畳1部屋で一家5人で暮らします。風呂もトイレも借りものでした。しかし、私も2歳年下の弟も小学校の高学年になると、さすがに6畳1部屋では無理になり、母の勤めていた石油商店の関係で、路地裏のトタン屋根の物置を借り、2部屋に改装して、新しい生活が始まりました。そこには、私が大学院を卒業するまで5人で住んでいました。

子どもの頃の私は、運動が苦手で体力もなかったので、あだ名は「もやし」でした。運動会はいつもビリだし、ケンカも弱い。いつも近所の人の顔色をうかがったり、どうやったらガキ大将にいじめられないか思案したりしている、実にカッコ悪い子どもでした。要領も悪く、先生にもよく怒られました。その分、人間関係ではずいぶん揉《も》まれもし、人の心がよく読めるようになりました。それは、今に生きていると思います。

人生ではじめて、すこしだけ自信がついたのは、中学一年の最初の模擬試験で一番になったことです。

実は、中学一年の初日に担任の先生が来られて「お前が松本か」と聞かれました。小学校時代のメンタリティの延長で、何か怒られるのかと思ったら、「今度、郡山小学校から勉強がよくできるのが入ってきたらしいけど、お前か」と言うのです。そんなつもりはまったくなかったので、本当に驚きました。確かに、勉強はしていました。

私の両親は共に小学校しか出ていません。父は貧しい農家の次男で、前述のように電線会社の工員でしたが、大変な勉強家で、家には古本が山のようにありました。それをいつも読んでいました。

母は、わりと羽振《はぶ》りのいい家庭の娘でしたが、父親が女に学問は要《い》らないという人で、小学校しか行かせてもらえなかった。その悔《くや》しさがずっと残っていて、その分、教育熱心でした。私が小学生の時は、テストで満点を取るのが当たり前で、99点を取ると、「1点引かれた」と言って、よく母に怒られました。

ただし、口うるさいだけではなくて、母もよく一緒に勉強もしました。家計が苦しく、絵本を買ってもらえませんでしたが、その代わり、母が知人から借りてきた絵本を一生懸命に自分の手で書き写してくれました。私は、手元に今でも母がペン字で古いザラ紙に写して作った「ひよこ物語」(写真)を大切に持っています。私の宝物のひとつです。私は、弟とふたりで、その手書きの絵本を毎日のように読み、絵も文章もすべて暗記してしまいました。

小学校の時に「毎日ひとつ自然観察をしなさい」という宿題があり、たいていの子どもは途中でやめてしまうのですが、私は「ツバキを見ました」「オビカレハの卵を見ました」と毎日書き続けました。

それは「まじめというのは大事なことよ」「手を抜いたらあかんよ」と、ことあるごとに言い続けた母の教えがあったからだと思います。その自然観察ノート、安藤紘の名が入った「季節だより」は、今でも手元に残っていて、これも、私の大切な宝物のひとつです。

思い込みを捨てよ

ともあれ、そんなことで「もやし」のような子どもでしたが、まじめに手抜きをせず、勉強だけはよくやりました。ただ、それはみんなも同じようにしていると思っていたのです。そして、模擬試験で一番になり、「おれ、一番やんか！」と、はじめて誇らしい気持ちになれました。

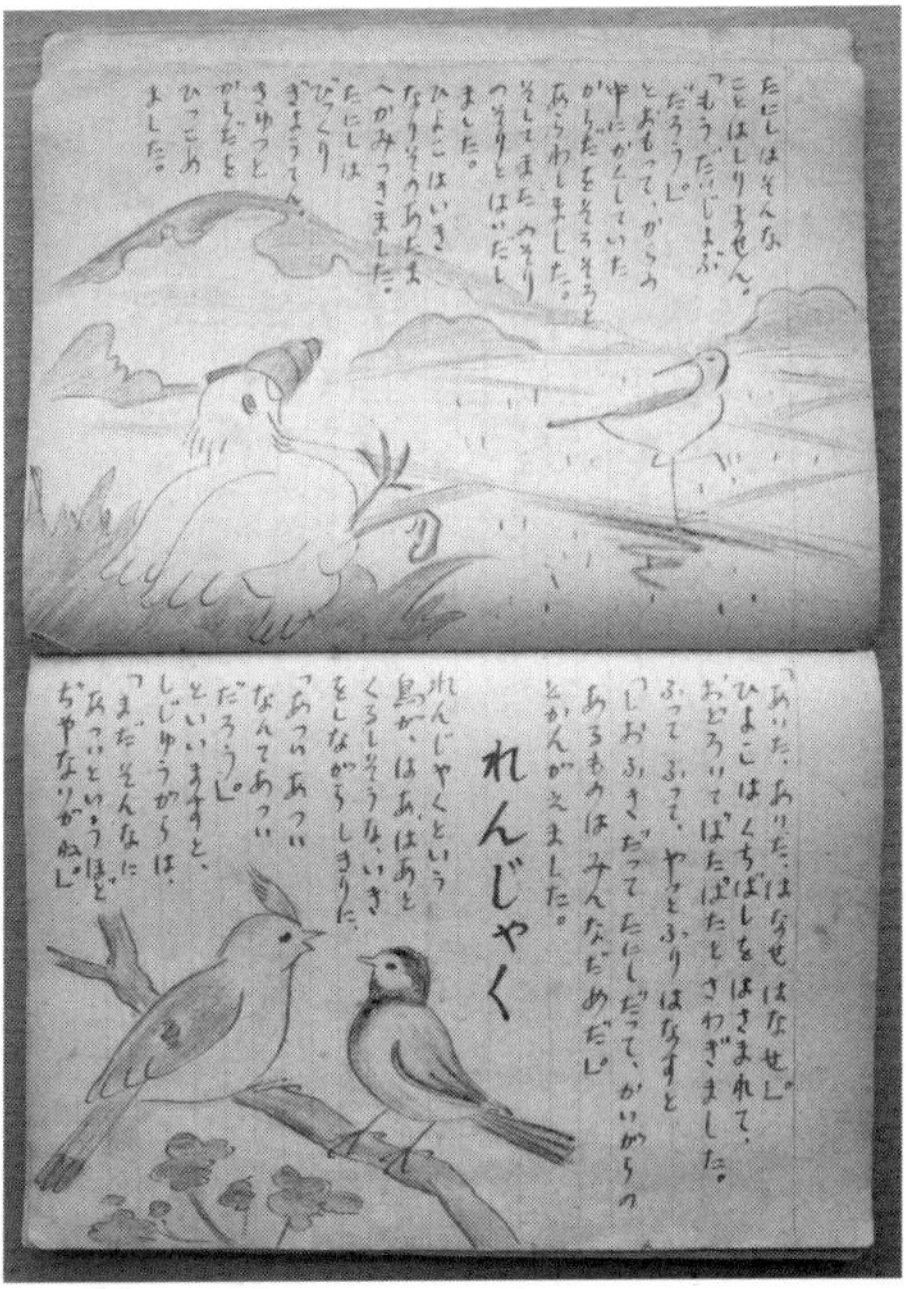

筆者の母が筆者と弟のために書き写した絵本

さきほども述べたように、野球のバットが頭に当たって左目がほとんど見えなくなりましたから、先生の言葉でも教科書でも、集中してしっかり聞く、読む、声を出して覚えるというのが自然に身についていたようです。声に出して読む「音読」も誰に教わったわけでもなく、気づいたら、すべての科目でしていました。私が音読するので、弟もそうしていました。そのせいか、兄弟共に記憶力はいいほうでした。

高校までは、しっかり覚えることが学びの中心であり、成績も記憶の要素が大きい。頭の良さはあまり関係ありません。その点、記憶力を自然と磨いた私は、中学でも成績はトップでした。

そして、担任の先生に勧められ、当時、奈良県で一番の進学校だった奈良女子大学附属高校に進みました。高校入学組は「大外様《おおとざま》」、小中学校からの内部進学組は「譜代《ふだい》」と呼ばれ、大外様の「もやし」の私には、大人びて洗練された譜代の生徒たちのふるまいがまぶしく、最初のうちはたじろぎ、圧倒されました。

高校では、忘れられない思い出がふたつあります。ひとつは、高校二年の学園祭で「ハムレット」の演出を任《まか》されたことです。ひとつの舞台を作り上げるために役者、舞台装置、小道具など、すべてのメンバーをまとめることの大変さやおもしろさを学びました。稽古《けいこ》で下校時間が遅くなり、「女生徒もいるんだから、もう帰れ！」と生徒指導の先生に怒られた時、「私が責任を持ちます！」と言って突《つ》っ撥《ぱ》ねたのもいい思い出です。

もうひとつは、挫折続きの運動に一筋の光が見えたことです。高校二年の体育大会でした。何かひとつ陸上競技に参加する決まりで、私は短距離は苦手だし、長距離もしんどいので、間《あいだ》を取って800メートル競走に出ることにしました。そのために、母校・郡山小学校で2、3週間、弟の協力を得て、きつい練習をしました。

大会当日、ゴールの直前まで、私の前にはひとりの生徒もいませんでした。人の背中を見ながら走るのが当たり前だった私は、一瞬、みんな走るのをやめたのではないか、走っているのは実は自分ひとりなのではないか、と思いました。でも、そうではなかった。最後の最後に、野球部の生徒に抜かれましたが、私は僅差《きんさ》の2着でした。運動が苦手な私にとって、それは奇跡のような瞬間でした。そして、思ったのです。

「人間、やれば何でもできるもんだ」と。

普通に運動のできる人から見たら、笑ってしまうような話でしょう。でも、私にとっては、この小さな成功体験が勇気と希望を与えてくれました。以来、スポーツへの苦手意識はだんだんなくなり、少林寺拳法《しょうりんじけんぽう》など、さまざまなことに挑戦できるようになりました。

人間、どこにどんな才能があるかわかりません。「運動は苦手」「数学なんて自分には無理」、そういう思い込みは、自分の可能性を小さくし、時に潰します。人間というのは、たいていのことは、やれば案外できるものです。だから、失敗を恐れずにやってみる。失敗したら、また挑戦すればいいのです。挫折は人生の糧《かて》です。

思い返せば、多くの人たちに助けられました。父の会社の社長からの奨学金や日本育英会の援助を得たおかげで、弟と共に京都大学で高等教育を受けることができました。その頃の生活体験や教育熱心だった母、厳格で矍鑠《かくしやく》としていた祖母、仕事一筋ながら俳句や小説などを愛した読書家の父、いつもひ弱な私を助けてくれた弟のおかげで、貧しくはあっても幸せな一家で育てられたと感謝しています。

母は苦しい生活のなか、子どもには不自由をさせまいと必死でした。ですから、私の家内は、私たち兄弟を「貧乏人のぼんぼん」と言います。また、母や祖母は小学校低学年まで、欠席させまいと、熱があっても背負って学校まで連れて行ってくれました。また、「学校の先生は偉いんやで、尊敬せにゃいかん」といつも言っていました。

中学校でも高等学校でもすばらしい先生に出会うことができ、まだ柔らかかった心や人格に大きな影響を与えられました。人生で一番充実して楽しかったのは高校時代であったと、今でも思っています。これら、大学入学前の体験も、私の考え方の大きな基礎となっています。

すべては、志《こころざし》を立てることから

最後に、若いみなさんに向けてメッセージをふたつ送りたいと思います。

幕末の思想家・吉田松陰《よしだしょういん》は人材育成の達人で、私塾・松下村塾《しょうかそんじゅく》の門下生には高杉晋作《たかすぎしんさく》、伊藤博文《いとうひろぶみ》、山県有朋《やまがたありとも》など幕末維新の傑物《けつぶつ》が綺羅星《きらぼし》のごとくいます。その松陰に、こんな言葉があります。

「志を立てて以《もっ》て万事《ばんじ》の源《みなもと》と為《な》す」

松陰は、すべては志を立てることから始まると考え、教育の中心に据えました。なぜ、志が大事かと言えば、志のない者が積んだ学問は、しばしば私欲や権力の前に屈《くっ》し、ひん曲がって使われる恐れがあるからです。志のない学問は危ないのです。

ですから、まず志を立ててください。

それも「地球の温暖化や砂漠化の問題を解決したい」「人のため、世のために貢献したい」「自己を高めたい」といったなるべく高い志、大きな志を立ててほしいと思います。志が高く大きいほど、迷った時、悩んだ時に心の支えになります。

もうひとつは、社会的に立場の弱い人を下に見てはいけない、ということです。

世の中には、ハンディキャップを背負った人や社会的に地位の低い人などをことさらに下に見る人がいますが、では、ハンディキャップがなくて社会的地位の高い人とどれほど能力が違うかと言えば、実はほとんど差はないのです。

私の息子のひとりは脳性小児麻痺《のうせいしょうにまひ》です。話せない、座れない、食べられない。日々その姿に接して40年ほどになりますが、その息子や彼の仲間と一緒にいて思うことは、人間はほとんど同じということです。話せなくても私の言いたいことはわかるし、心の変化や目の輝き、喜びなどはまったく一緒です。それらを積み上げていくと、感覚的には95%くらいは同じです。ハンディキャップがなくて社会的地位の高い人との差は、大きく見積もっても5%程度です。

その5%を押し広げて、自分は他人より勝《まさ》っている、すぐれていると自惚《うぬぼ》れたり、自慢したりするのが人間という生き物です。しかし実際は、ほとんど変わりません。ですから、みなさんにも思ってほしいのです。

「人は誰でも95％は自分と一緒。変わらないのだ」と。

そうすれば、相手の立場で、目線を変えるようなこともなくなります。それは、学問をする上でもっとも重要な先入観という枷《かせ》から、自らを解放することにも通じます。

京都大学が大事にしてきた自由とは、気随《きずい》、気ままのことではありません。自分が持っている知識が正しいのかどうかを疑ってみること、そして既成の価値観に縛られることの危《あや》うさに自分で気づくことです。先入観からの解放はまさにそうです。

自由な心で、できるだけ幅広い知識を身につけ、多くのことを学んでください。そして「自重自敬《じちようじけい》」（自らを重んじ、自らを敬う）という京都大学初代総長・木下廣次《きのしたひろじ》先生の言葉に加え、私の信ずる「自鍛自恃《じたんじじ》」（自らを鍛え、自らを恃《たの》みとする）の精神で、成長してほしいと心から願っています。

京都大学初代総長・木下廣次博士揮毫《きごう》による額《がく》の前で

切りとり線

★読者のみなさまにお願い

この本をお読みになって、どんな感想をお持ちでしょうか。祥伝社のホームページから書評をお送りいただけたら、ありがたく存じます。今後の企画の参考にさせていただきます。また、次ページの原稿用紙を切り取り、左記まで郵送していただいても結構です。

お寄せいただいた書評は、ご了解のうえ新聞・雑誌などを通じて紹介させていただくこともあります。採用の場合は、特製図書カードを差しあげます。

なお、ご記入いただいたお名前、ご住所、ご連絡先等は、書評紹介の事前了解、謝礼のお届け以外の目的で利用することはありません。また、それらの情報を6カ月を越えて保管することもありません。

〒101-8701（お手紙は郵便番号だけで届きます）
祥伝社新書編集部
電話03（3265）2310
祥伝社ホームページ　http://www.shodensha.co.jp/bookreview/

★本書の購買動機（新聞名か雑誌名、あるいは○をつけてください）

＿＿＿新聞の広告を見て	＿＿＿誌の広告を見て	＿＿＿新聞の書評を見て	＿＿＿誌の書評を見て	書店で見かけて	知人のすすめで

★100字書評……京都から大学を変える

名前

住所

年齢

職業

松本 紘　まつもと・ひろし

京都大学第25代総長。同大学名誉教授、工学博士。1942年生まれ、奈良県出身。1965年、京都大学工学部電子工学科卒業。同大学工学部助教授、同大学生存圏研究所教授、同初代所長を歴任。同大学理事・副学長を経て、2008年より現職。国立大学協会会長。専門は宇宙プラズマ物理学、宇宙電波科学、宇宙エネルギー工学。国内外論文多数、国際電波科学連合会長など国際団体にも貢献。Gagarin Medal、Booker Gold Medal、紫綬褒章などを受章。著作に『京の宇宙学』『宇宙太陽光発電所』など。

京都《きょうと》から大学《だいがく》を変《か》える

松本《まつもと》 紘《ひろし》

2014年 4 月30日　初版第 1 刷発行

発行者………………竹内和芳
発行所………………祥伝社しょうでんしゃ
〒101-8701　東京都千代田区神田神保町3-3
電話　03(3265)2081(販売部)
電話　03(3265)2310(編集部)
電話　03(3265)3622(業務部)
ホームページ　http://www.shodensha.co.jp/

装丁者………………盛川和洋
印刷所………………萩原印刷
製本所………………ナショナル製本

Printed in Japan　ISBN978-4-396-11362-9　C0237

〈祥伝社新書〉
いかにして「学ぶ」か

191
はじめての中学受験 変わりゆく「中高一貫校」
わが子の一生を台無しにしないための学校選びとは？　受験生の親は必読！
日能研《にちのうけん》 進学情報室

360
なぜ受験勉強は人生に役立つのか
教育学者と中学受験のプロによる白熱の対論。頭のいい子の育て方ほか
明治大学教授 齋藤 孝
家庭教師 西村則康《のりやす》

339
笑うに笑えない大学の惨状
名前を書けば合格、小学校の算数を教える……それでも子どもを行かせますか？
大学通信常務取締役 安田賢治

312
一生モノの英語勉強法 「理系的」学習システムのすすめ
京大人気教授とカリスマ予備校教師が教える、必ず英語ができるようになる方法
京都大学教授 鎌田浩毅
研伸館講師 吉田明宏

331
7カ国語をモノにした人の勉強法
言葉のしくみがわかれば、語学は上達する。語学学習のヒントが満載
慶應義塾大学講師 橋本陽介

〈祥伝社新書〉
日本語を知ろう

179
日本語は本当に「非論理的」か
物理学者による日本語論
曖《あい》昧《まい》な言葉遣いは、論理力をダメにする！ 世界に通用する日本語用法を教授
神奈川大学名誉教授 桜井邦《くに》朋《とも》

096
日本一愉快な 国語授業
日本語の魅力が満載の1冊。こんなにおもしろい国語授業があったのか！
元慶應義塾高校教諭 佐《さ》久《く》 協《やすし》

102
800字を書く力
小論文もエッセイもこれが基本！
感性も想像力も不要。必要なのは、一文一文をつないでいく力だ
埼玉県立高校教諭 鈴木信一

267
「太《だ》宰《ざい》」で鍛える日本語力
「富《ふ》岳《がく》百景」「グッド・バイ」……太宰治の名文を問題に、楽しく解く
カリスマ塾講師 出《で》口《ぐち》 汪《ひろし》

329
知らずにまちがえている敬語
その敬語、まちがえていませんか？ 大人のための敬語・再入門
ビジネスマナー・敬語講師 井上明美